Panorama teológico
do Novo Testamento

SÉRIE CONHECIMENTOS EM TEOLOGIA

Gelci André Colli

Panorama teológico do Novo Testamento

2ª edição

Rua Clara Vendramin, 58 . Mossunguê
CEP 81200-170 . Curitiba . PR . Brasil
Fone: (41) 2106-4170
www.intersaberes.com
editora@intersaberes.com

Conselho editorial
Dr. Alexandre Coutinho Pagliarini
Dr.ª Elena Godoy
Dr. Neri dos Santos
M.ª Maria Lúcia Prado Sabatella

Editora-chefe
Lindsay Azambuja

Gerente editorial
Ariadne Nunes Wenger

Assistente editorial
Daniela Viroli Pereira Pinto

Edição de texto
Monique Francis Fagundes Gonçalves

Capa
Charles L. da Silva (*design*)
oatawa e Artishok/Shutterstock (imagens)

Projeto gráfico
Charles L. da Silva

Diagramação
Estúdio Nótua

Iconografia
Maria Elisa de Carvalho Sonda
Regina Claudia Cruz Prestes

Dados Internacionais de Catalogação na Publicação (CIP)
(Câmara Brasileira do Livro, SP, Brasil)

Colli, Gelci André
  Panorama teológico do novo testamento / Gelci André Colli. -- 2. ed. -- Curitiba : Intersaberes, 2024.
  -- (Série conhecimentos em teologia)

  Bibliografia.
  ISBN 978-85-227-1276-2

  1. Bíblia. N.T. – Teologia I. Título. II. Série.

24-188983   CDD-230.0415

Índices para catálogo sistemático:
1. Novo Testamento : Teologia bíblica   230.0415
2. Teologia bíblica : Novo Testamento   230.0415

Tábata Alves da Silva – Bibliotecária – CRB-8/9253

1ª edição, 2017.
2ª edição, 2024.
Foi feito o depósito legal.

Informamos que é de inteira responsabilidade do autor a emissão de conceitos.

Nenhuma parte desta publicação poderá ser reproduzida por qualquer meio ou forma sem a prévia autorização da Editora InterSaberes.

A violação dos direitos autorais é crime estabelecido na Lei n. 9.610/1998 e punido pelo art. 184 do Código Penal.

sumário

7   *apresentação*

capítulo um
11   **Cristologia**
13   1.1 Cristo nos Evangelhos Sinópticos
27   1.2 Cristo no Evangelho de João
44   1.3 Cristo nas epístolas de Paulo
59   1.4 Cristo na Epístola aos Hebreus

capítulo dois
67   **Soteriologia**
69   2.1 A salvação nos Evangelhos Sinópticos
77   2.2 A salvação nos textos de Lucas
82   2.3 A salvação no Evangelho de João
96   2.4 A salvação nas epístolas de Paulo

capítulo três
111 **Pneumatologia**
113 3.1 O Espírito Santo nos Evangelhos Sinópticos
114 3.2 O Espírito Santo nos textos de Lucas
119 3.3 O Espírito Santo no Evangelho de João
128 3.4 O Espírito Santo nas epístolas de Paulo

capítulo quatro
135 **Escatologia**
137 4.1 Fundamentos da escatologia
147 4.2 O fim do mundo no Novo Testamento

capítulo cinco
159 **Eclesiologia**
161 5.1 Designações da Igreja de Cristo
167 5.2 A Igreja primitiva

capítulo seis
181 **Teologia antropológica e vida cristã**
183 6.1 Antropologia do Novo Testamento
198 6.2 Vida cristã

209 *considerações finais*
211 *referências*
215 *respostas*
219 *sobre o autor*

apresentação

O estudo da teologia do Novo Testamento é uma tarefa fascinante. Porém a extensão desse conjunto de textos torna difícil a elaboração de um trabalho de categoria científica que aborde profundamente todos os tópicos teológicos que ele apresenta. Por essa razão, optamos por abordar a teologia do Novo Testamento sob a perspectiva de um *panorama*, ou seja, como uma visão ampla dos temas encontrados nessa parte da Bíblia. Nosso propósito é torná-la familiar aos leitores que se interessam pelo assunto, mesmo àqueles que, anteriormente, nunca tenham tido contato com ele.

Para isso, consideramos importante apresentar os textos que dizem respeito à pessoa de Jesus Cristo, desde a origem até o fim da sua vida, analisando seu ministério terreno, o motivo e o objeto da sua obra. Dessa maneira, os temas dos quais trataremos têm como foco Jesus Cristo.

Ressaltamos que, ao longo do tempo, a organização dos objetos de estudo concernentes à teologia do Novo Testamento tem sido apresentada com base em várias metodologias. Isso indica que, a princípio, há dificuldades em definir uma delas como referência para a elaboração de uma análise teológica do Novo Testamento. É claro que há obras que contribuem de maneira substancial para esse estudo e que chegam a ser reconhecidas como tal; todavia, uma uniformidade de método não tem sido constatada. Assim, adotamos em nossa obra uma combinação de dois métodos: o *dogmático-sistemático* e o *das tradições literárias*.

Usamos o método dogmático-sistemático – que organiza a teologia em áreas temáticas – na divisão dos capítulos da nossa obra, cada um deles versando sobre um grande tema dessa organização. Entendemos que isso pode auxiliar você a visualizar os conceitos teológicos mais facilmente. Quanto ao método das tradições literárias, nós o usamos de forma a facilitar a diversidade de reflexão teológica do Novo Testamento a respeito dos grandes assuntos abordados em cada capítulo

Dessa forma, no Capítulo 1, apresentaremos a *cristologia*, ou seja, o estudo sobre a pessoa e a doutrina de Jesus Cristo. No Capítulo 2, comentaremos a respeito da *salvação*, tanto aquela reservada ao indivíduo quanto aquela destinada à comunidade vista como a Igreja de Cristo, de forma mais conceitual, mas, nem por isso, menos experiencial ou prática.

No Capítulo 3, analisaremos a noção de *Espírito Santo* e seus desdobramentos no Novo Testamento. A seguir, discutiremos, no Capítulo 4, sobre a *escatologia*, pois consideramos que as esperanças da fé cristã são, em sua maioria, escatológicas, razão por que cremos ser necessário que você compreenda como elas foram formadas.

No Capítulo 5, versaremos sobre a *eclesiologia*, estudo que se ocupa da análise do surgimento, do desenvolvimento e da incorporação da Igreja no Novo Testamento. Por fim, no Capítulo 6, trataremos do ser humano e da vida justa oferecida e destinada a ele por parte de Deus sob a perspectiva do Novo Testamento

Entendemos que esse panorama teológico, do modo como o apresentamos, fará com que você alcance um bom nível de conhecimento e de percepção dos elementos da fé cristã contidos no texto canônico.

Ressaltamos, porém, que nossa obra não encerra a compreensão dos temas apresentados, mas serve como direcionamento para a continuidade do aprendizado sobre a teologia do Novo Testamento.

Bons estudos!

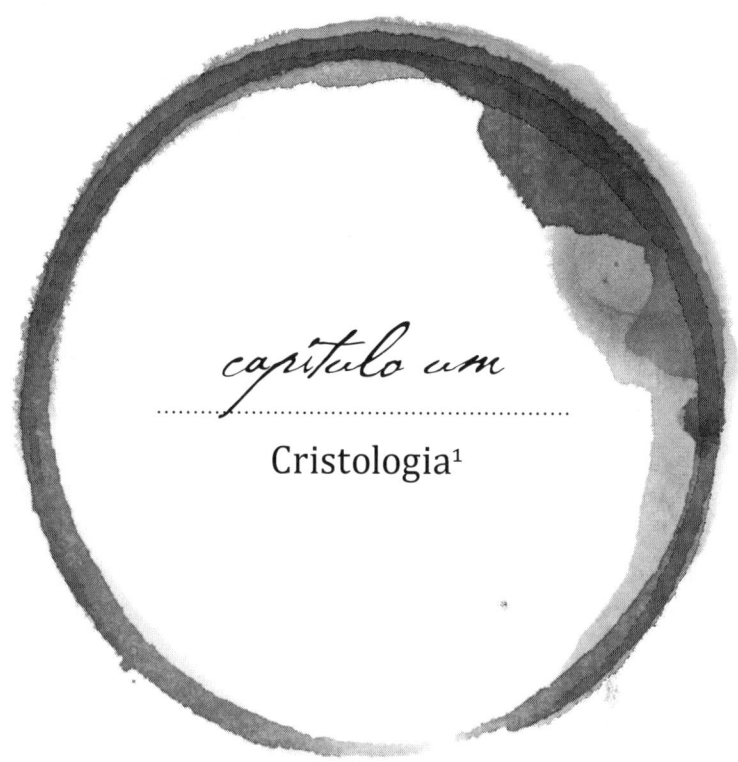

capítulo um
Cristologia[1]

---

[1] As passagens bíblicas utilizadas nesta obra são citações de Bíblia (2002), exceto quando for indicada outra referência e nas passagens utilizadas pelos autores citados. Para as referências destas últimas, favor consultar as obras originais de cada autor, constantes na seção "Referências".

É certo que o Novo Testamento tem como personagem e como tema principal a pessoa de **Jesus Cristo**, o que abrange o seu ministério, a sua morte e a sua ressurreição. Também é certo que todos os autores neotestamentários se esmeraram em registrar os ensinamentos de Jesus, bem como em refletir sobre os princípios teológicos ensinados por ele e aplicá-los. Porém a produção teológica do Novo Testamento não se deu a um só tempo e a uma só voz. Na verdade, ao longo do tempo, os conceitos teológicos foram aprofundados de formas progressiva e particular por vários autores. Por isso, é importante visualizarmos as perspectivas apresentadas no Novo Testamento com base em algumas tradições teológicas que geralmente classificam os textos dessa parte da Bíblia da seguinte maneira:

- **Evangelhos Sinópticos** – Evangelho de Mateus, Evangelho de Marcos e Evangelho de Lucas;
- **Textos Joaninos** – Evangelho de João, Epístolas de São João[2] (I, II e III) e Apocalipse;
- **Atos dos Apóstolos** – Autoria do evangelista Lucas;
- **Epístolas de Paulo** – Romanos, Coríntios (I e II), Gálatas, Efésios, Filipenses, Colossenses, Tessalonicenses (I e II), Timóteo (I e II) Tito e Filemon;
- **Epístola aos Hebreus** – Autoria incerta;
- **Epístolas Católicas ou Gerais** – Epístola de São Tiago, Epístolas de São Pedro (I e II) e Epístola de São Judas.

De modo geral, a teologia leva em conta essas principais correntes da tradição quando pretende apresentar uma perspectiva literária sobre o Novo Testamento.

1.1 Cristo nos Evangelhos Sinópticos

Veremos, inicialmente, como os autores dos **Evangelhos Sinópticos** – Mateus, Marcos e Lucas – se referem à pessoa de Jesus e como os títulos *Cristo*, *Filho do Homem* e *Filho de Deus* revelam sua natureza e sua missão e são carregados de significado teológico, o que nos ajuda a conhecê-lo melhor.

---

2 Em alguns estudos, as Epístolas de João são classificadas dentro das Epístolas Católicas.

1.1.1 A expectativa messiânica

Os Evangelhos Sinópticos deixam transparecer que havia no povo uma forte expectativa quanto à vinda do **Messias**. Dessa maneira, as pessoas da época passaram a questionar se o Messias não seria João Batista: "Como o povo estivesse na expectativa e todos cogitassem em seus corações se João não seria o Cristo [...]" (Lucas, 3: 15). Alguns fariseus indagavam João Batista sobre a sua identidade, ao que ele responde: "Eu não sou o Cristo" (João, 1: 20).

Sabia-se que o Cristo viria da linhagem de Davi (Mateus, 21: 9; 22: 42) e que deveria nascer em Belém (Mateus, 2: 5; João, 7: 40-42), mas também poderia ser de origem desconhecida (João, 7: 26-27). O povo esperava um libertador político, que tomasse o poder e estabelecesse a nação soberana de Israel, como havia sido nos tempos de Davi e de Salomão. É com essa ideia que Jesus foi procurado pelos magos do Oriente, como o "rei dos judeus" (Mateus, 2: 2).

Os próprios discípulos de Jesus nutriam a esperança de que ele inauguraria um reino político. Isso é exemplificado pelo pedido da mãe de Tiago e de João para que seus filhos ocupassem lugares de destaque no reino de Jesus (Mateus, 20: 21; Marcos, 10: 35-45). Pouco antes da sua ascensão, os doze apóstolos perguntaram a Jesus se aquele seria o tempo em que ele restauraria "a realeza em Israel" (Atos, 1: 6).

> *O povo esperava um libertador político, que tomasse o poder e estabelecesse a nação soberana de Israel, como havia sido nos tempos de Davi e de Salomão. É com essa ideia que Jesus foi procurado pelos magos do Oriente, como o "rei dos judeus" (Mateus, 2: 2).*

A ideia de declarar Jesus o rei dos judeus aparece também na passagem da multiplicação dos pães, conforme narrada especialmente por João, quando as pessoas iniciaram um movimento para declarar Jesus o rei da nação (João, 6: 15). No entanto, quando perceberam as verdadeiras intenções de Jesus, muitos o abandonaram e deixaram de segui-lo (João, 6: 66). Como todos os evangelhos relatam que a principal acusação contra Jesus era o fato de ele se declarar rei dos judeus, tal acusação foi considerada digna da pena de morte e constou no alto de sua cruz (Mateus, 27: 37; Marcos, 15: 26; Lucas, 23: 38; João, 19: 19).

1.1.2 Cristo, o Messias

O termo *Cristo* (do grego *christos*; tradução do hebraico *mashiyah*) significa "ungido" e era usado para se referir a sacerdotes, a reis e a profetas consagrados para uma missão especial (por exemplo: Aarão, Saul, Davi, Salomão, entre outros). Como observa George Eldon Ladd (2003, p. 183), "o termo isolado 'o Messias' não ocorre de forma alguma no Antigo Testamento. A palavra sempre tem um genitivo ou sufixo qualificativo, como 'o messias de Jeová', ou 'meu messias'".

As passagens do Antigo Testamento que mais se aproximam do conceito messiânico estão no Salmo 2 (Salmos, 2: 2): "Os reis da terra se insurgem, e, unidos, os príncipes conspiram contra Iahweh[3] e contra o seu Messias"; e no livro de Daniel (9: 26): "E depois das sessenta e duas semanas será cortado o Messias, mas não para si mesmo [...]" (Bíblia, 1994).

O termo Cristo *(do grego* christos; *tradução do hebraico* mashiyah) *significa "ungido" e era usado para se referir a sacerdotes, a reis e a profetas consagrados para uma missão especial*

---

[3] Neste livro, como adotamos a Bíblia de Jerusalém (Bíblia, 2002) para transcrição dos versículos que servem de exemplo aos assuntos abordados, utilizamos o nome *Yahweh* para o Deus do Antigo Testamento. Porém, nas citações diretas de outros autores, mantemos o original escolhido por eles, *Jeová* ou *Javé*, inclusive quando esses autores citam passagens da Bíblia. Trata-se, no entanto, do mesmo Deus.

As referências a Davi como *o ungido do Senhor*, associadas às promessas de um reino eterno (I Samuel, 7: 12), contribuíram para fundamentar a esperança messiânica dos tempos de Jesus. A denominação *o ungido do Senhor* tornou-se cada vez mais associada ao futuro Messias no período interbíblico, e houve diversas citações dela na literatura apócrifa – os Salmos de Salomão, o livro das Similitudes de Enoque, o Livro IV de Esdras e o Apocalipse de Baruque, conforme Ladd (2003). Também na literatura rabínica o Messias se tornou figura central da esperança de Israel.

Em relação ao uso dos títulos *Messias* ou *Cristo,* Ladd (2001, p. 182) levanta importantes questões: "Por que os cristãos primitivos designaram Jesus como o Messias, quando o papel que Ele desempenhou foi tão diferente das expectativas judaicas dos seus dias? Será que o título 'O Cristo' foi usado pelo próprio Jesus? Será que foi reconhecido como o Messias quando esteve neste mundo?". Ladd (2001) observa que não há registro que sustente a ideia de que Jesus tenha chamado a si mesmo de *Messias* ou que os discípulos o tenham chamado assim.

Quanto ao sentido do título *Cristo*, Lucas registra a pregação de Jesus na sinagoga em Nazaré, quando este diz: "O Espírito do Senhor está sobre mim, porque ele me ungiu [...]" (Lucas, 4: 18), apresentando, segundo Leon Morris (2003, p. 197), o sentido da unção "nos termos da concessão do Espírito Santo".

Para verificar o sentido de *Cristo* (*Messias*) nos evangelhos, há duas passagens especiais: a profissão de fé (ou confissão) de Pedro, no caminho para Cesareia, e o julgamento de Jesus perante o Sinédrio, as quais analisamos a seguir.

A profissão de fé de Pedro

No Evangelho de Marcos, a profissão de fé de Pedro marcou uma mudança importante no discurso de Jesus aos discípulos. Até esse momento, Jesus não havia falado a respeito do seu sofrimento e da sua morte.

> *Jesus partiu, com seus discípulos para os povoados de Cesareia de Felipe e, no caminho, perguntou a seus discípulos: "Quem dizem os homens que EU SOU?" Responderam-lhe: "João Batista; outros, Elias; outros ainda, um dos profetas". – "E vós, perguntou Ele, quem dizeis que EU SOU?". Pedro respondeu: "Tu és O Cristo". Então proibiu-os severamente de falar a alguém a seu respeito.* (Marcos, 8: 27-30)

Após esse episódio, Jesus descreve a seus discípulos os sofrimentos pelos quais passaria, por ser "O Filho do Homem" (Marcos, 8: 31). Pedro o censura e, pela maneira como reagiu à descrição feita por Jesus, é possível afirmar que ele esperava um Messias da linhagem davídica, isto é, um rei conquistador e libertador, ao qual não conseguia associar os sofrimentos descritos por Jesus. Em resposta, Cristo recriminou severamente Pedro, o que indica que Jesus estava apresentando a seus discípulos o verdadeiro conceito de seu messianismo. Ladd (2001, p. 133, grifo do original) argumenta que, considerando que Pedro acompanhava as ações e os ensinos de Jesus, "é mais fácil [...] concluir que, pelo vocábulo Messias, Pedro se refira àquele que deveria cumprir a esperança messiânica do Antigo Testamento, **mesmo que esta não seja em termos de um rei conquistador**". Ian Howard Marshall (2007) diz que Marcos arranjou seu evangelho em torno da profissão de fé de Pedro e colocou as referências aos sofrimentos do Messias como forma de evitar qualquer mal-entendido a respeito do ministério de Jesus.

Para ele, o que Marcos quer dizer é: "Jesus é de fato o Messias, mas o Messias deve sofrer" (Marshall, 2007, p. 63). Isso fica mais claro no registro de Mateus (16: 16): "Então [Jesus] lhes perguntou: 'E vós, quem dizeis que eu sou?' Simão Pedro, respondendo, diz: 'Tu és o Cristo, o filho do Deus vivo'". Já em Lucas (9: 20), é retratado o seguinte diálogo: "Ele [Jesus] replicou: 'E vós quem dizeis que eu sou?' Pedro então respondeu: 'O Cristo de Deus'" – aqui, vemos a ênfase na ligação pessoal entre Cristo e Deus ou, segundo Morris (2003, p. 199), o Cristo "pertence a Deus".

O julgamento de Jesus perante o Sinédrio

Neste episódio, temos uma amostra do sentido que o termo *Messias* apresenta nos Evangelhos:

> *Levantando então o Sumo Sacerdote no meio deles [os chefes dos sacerdotes e todo o Sinédrio], interrogou a Jesus dizendo: "Nada responde? O que testemunham estes contra ti?" Ele, porém, ficou calado e nada respondeu. O Sumo Sacerdote o interrogou de novo: "És tu o Messias, o Filho o Deus Bendito?" Jesus respondeu: "EU SOU. E vereis* **o Filho do Homem sentado à direita do Poderoso e vindo com as nuvens do céu**". (Marcos, 14: 60-62, grifo do original)

Vemos, nesse trecho, que Jesus declara, perante o sumo sacerdote do Sinédrio, que é o Messias, o Filho de Deus, de forma clara e direta. Independentemente do real significado de suas palavras, o fato é que Jesus foi sentenciado à morte sob a acusação de blasfêmia com base nessa declaração (Marcos, 14: 64). O título *Cristo* é associado a *Filho de Deus* ou a *rei*, como aparece em Lucas (23: 2). Como a acusação de blasfêmia não causaria nenhuma preocupação em Pilatos, os judeus usam as implicações políticas para incriminar Jesus, dizendo que ele se fazia rei dos judeus.

No Evangelho de Marcos há ainda uma curiosidade, chamada por Wilhelm Wrede[4] (citado por Morris, 2003, p. 125) de *segredo messiânico*. De fato, Jesus constantemente ordenava que a ninguém fosse dito que ele era o Messias (Marcos, 1: 25; 3: 11-12). Em outras situações, percebemos que Jesus não incentivava as pessoas a divulgarem quem ele era (Marcos, 1: 44-45; 5: 43; 7: 36; 8: 26-30) e que houve ocasiões em que ele se retirou do meio da multidão para ficar a sós (Marcos, 1: 35-38; 7: 24; 9: 30). Em outros relatos, Jesus concedia ensino particular aos discípulos (Marcos, 4: 10-13; 7: 17-23; 9: 9, 28-29; 10: 32-34; 13: 3-37), conforme aponta Morris (2003). Esse autor, porém, observa que há outras passagens em que Jesus falava abertamente sobre si e ordenava às pessoas que anunciassem suas obras e suas palavras, como ao curar um paralítico em público (Marcos, 2: 10) e ao mandar que um geraseno, que era endemoniado e que fora curado por ele, voltasse para os seus conhecidos e lhes contasse o que o Senhor fizera por ele (Marcos 5: 19). Além disso, Marcos (7: 24) fala de um ministério tão intenso que Jesus não conseguia se esconder, e que seria impossível manter qualquer segredo. Acertadamente, Heikki Räisänen[5], citado por Morris (2003, p. 125), fala sobre uma "tensão que existe no evangelho [de Marcos] entre segredo e visibilidade". A razão do "segredo messiânico" deve ser o fato de que Jesus não queria associar seu ministério às expectativas distorcidas em relação ao Messias, comuns entre as pessoas de sua época.

---

4   Wilhelm Wrede (1859-1906), estudioso alemão do Novo Testamento, nascido em Hannover e professor em Breslau, introduziu essa tese em sua obra *Messianic Secret in the Gospels* (1901).
5   Heikki Räisänen (1941-2015), o mais proeminente teólogo finlandês do Novo Testamento, nascido em Helsinque, Alemanha, onde foi professor universitário de Novo Testamento de 1974 até 2006.

Ladd (2003, p. 189-190) conclui esse assunto dizendo que, embora não haja registro de que Jesus tenha reivindicado ser o Messias, ele não rejeitou o título que lhe foi atribuído e, mesmo diante do Sinédrio, quando acusado de ser o Messias, ele não o negou, embora tenha dado ao termo sua própria conceituação. Ladd (2003) lembra, ainda, que a reação das pessoas durante a entrada triunfal de Jesus em Jerusalém demonstra claramente o ponto de fervor ao qual as esperanças messiânicas haviam chegado: "Hosana! Bendito O que vem em nome do Senhor. Bendito o Reino que vem, do nosso pai Davi! Hosana no mais alto dos céus!" (Marcos 11: 9-10).

1.1.3 O Filho do Homem

Nos Evangelhos Sinópticos, a expressão **Filho do Homem** aparece muitas vezes[6], quase sempre nas palavras do próprio Jesus. O mais importante aqui é definirmos o que significa *Filho do Homem*. Sobre isso, Ladd (2003) destaca três fatos importantes:

1. é o título favorito de Jesus para se referir a si mesmo;
2. ninguém mais utiliza o título para se referir a Jesus;
3. não há evidência de que a igreja primitiva tenha usado esse título para se referir a Jesus.

As únicas referências a *Filho do Homem* no Novo Testamento, fora dos Evangelhos Sinópticos e do Evangelho de João, estão no livro dos Atos dos Apóstolos (7: 56) e no livro do Apocalipse (1: 13; 14: 14)[7].

---

6   A quantidade de vezes varia conforme a versão e a tradução da Bíblia utilizada. Na Bíblia de Jerusalém (Bíblia, 2002), são 68 ocorrências: 29 em Mateus, 14 em Marcos e 25 em Lucas. Dependendo da versão da Bíblia utilizada, a expressão pode aparecer como: *Filho do Homem, Filho do homem* ou *filho do homem*.

7   *Filho de Homem* e *filho de Homem*, respectivamente (Bíblia, 2002).

- No Antigo Testamento, a expressão *filho do homem*[8] apresenta três aplicações distintas:
    1. **Sinônimo de humanidade** (como aparece nos textos citados antes) – O fato de uma expressão corriqueira tornar-se um título não era incomum nessa época, principalmente quando ela era usada de modo especial para se referir a alguém por um motivo exclusivo.
    2. **Modo que Deus usa para se referir ao profeta Ezequiel** – A tentativa de buscar o contexto do título messiânico no livro de Ezequiel não ajuda a elucidar o significado da expressão *Filho do Homem*.
    3. **Personagem da visão de Daniel** – No livro de Daniel (7: 1-14), é narrada uma visão que o profeta teve de quatro animais (que representam quatro impérios mundiais sucessivos), dos quais o último e mais espantoso fora morto e, dos outros três, fora retirado o poder; depois disso, Daniel contemplou um ancião que era servido por milhares de pessoa; à presença desse ancião foi introduzido "um como Filho de Homem" (Daniel, 7: 13), ao qual "foi outorgado o império, a honra e o reino [...] Seu império é um império eterno que jamais passará, e seu reino jamais será destruído" (Daniel, 7: 14). Ladd (2003, p. 197) observa que a imagem do Filho de Homem não é explicada na visão de Daniel e, embora haja interpretações conflitantes, conclui que "o filho do homem mencionado em Daniel é uma figura escatológica messiânica divina que traz o reino aos santos afligidos sobre a terra".

---

8   No Antigo Testamento, a expressão aparece com as iniciais de cada palavra grifadas em letra minúscula, exceto nos inícios de frase (Bíblia, 2002).

Ladd (2003, p. 197) diz que, nos Evangelhos Sinópticos, "o uso da expressão Filho do Homem [...] pode ser classificado em três categorias distintas":

1. **Quanto ao ministério terreno** – As referências a Jesus como *Filho do Homem* em seu ministério terreno causavam grande perplexidade aos ouvintes porque eles entendiam as implicações de um ser divino preexistente. Como exemplo disso, vemos, em Marcos (2: 10), Jesus dizer que "o Filho do Homem tem poder de perdoara [sic] pecados na terra". Dessa forma, o título *Filho do Homem* é associado a uma prerrogativa divina. Em outra ocasião, Jesus disse: "o Filho do Homem é senhor até do sábado" (Marcos, 2: 28). O sábado foi instituído por Deus, por isso, afirmar autoridade sobre uma instituição divina é uma reivindicação de autoridade (Ladd, 2003, p. 202-203).

2. **Quanto ao sofrimento e à morte** – Depois que os discípulos compreenderam que Jesus era de fato o Messias, ele começou a falar mais claramente sobre o seu sofrimento, sua morte e sua ressurreição. Os judeus não conseguiam associar o Filho do Homem messiânico ao servo sofredor de Isaías (que o profeta descreve no capítulo 53 de seu livro). Mesmo que eles admitissem o sofrimento do Messias, isso não ocorreria em razão da expiação de pecados, mas em razão do embate contra os seus inimigos. Após a profissão de fé de Pedro (Marcos, 8: 29), Jesus passou a falar com mais frequência de seus sofrimentos em Jerusalém e de sua ressurreição "depois de três dias" (Marcos, 8: 31). Morris (2003, p. 122, 149) diz que a maioria absoluta das ocorrências da expressão *Filho do Homem* aparece após a profissão de fé de Pedro. De fato, em Mateus, a expressão ocorre nove vezes antes e vinte e duas vezes depois; em Marcos, duas vezes antes e doze vezes depois; em Lucas, três vezes antes e

vinte e duas vezes depois (Bíblia, 2002). A ocorrência mais significativa da expressão é: "Pois o Filho do Homem não veio para ser servido, mas para servir e dar a sua vida em resgate por muitos" (Marcos, 10: 45). Morris (2003, p. 150) argumenta que isso demonstra "uma grande ênfase no sofrimento como objetivo da vinda do Filho do Homem".

3. **Quanto à glória escatológica** – Ao mesmo tempo que anuncia seus sofrimentos, Jesus também fala de sua vinda gloriosa. Ladd (2003, p. 206) relata que a afirmação mais forte sobre isso está registrada na resposta que Jesus dá ao sumo sacerdote Caifás quanto este lhe pergunta se ele era o *Cristo*, o *Filho de Deus*: "Tu o disseste" (Mateus 26: 64) ou "EU SOU" e imediatamente define o que ele quer dizer: "E vereis o **Filho do Homem sentado à direita do Poderoso e vindo com as nuvens do céu**" (Marcos, 14: 62, grifo do original). James Peter Hickinbotham[9], citado por Morris (2003, p. 122), afirma que "O Filho do Homem é um título de divindade e não de humanidade". Assim, percebemos que essas passagens colocam o Filho do Homem no lugar mais elevado possível.

Ao referir a si mesmo como Filho do Homem, Jesus evoca a imagem de Daniel associada à ideia do servo sofredor. Antes de se manifestar como o Filho do Homem divino e glorioso, ele veio em humilhação, não para reinar, mas para dar a sua vida em favor dos pecadores.

Morris (2003) declara que *Filho do Homem* expressa a grandeza e a humilhação de Jesus. Ao mesmo tempo que Jesus é apresentado como o *filho glorioso*, "sua grandeza não consiste em poder,

---

9 James Peter Hickinbotham (1914-1990), nascido na Inglaterra, foi reverendo da Wycliffe Hall, igreja do colégio teológico inglês, dentro da Universidade de Oxford, que realiza treinamentos para candidatos ao ministério da Igreja Anglicana.

majestade e coisas assim; ela é vista em sua morte para salvar pecadores" (Morris, 2003, p. 124).

Ladd (2003, p. 206), por sua vez, conclui que, ao usar o título *Filho do Homem*, "Jesus reivindicou tanto a dignidade messiânica quanto a função messiânica", e até mais do que isso, "pois trouxe consigo as notas marcantes de um caráter e de uma origem essencialmente sobrenaturais". Além disso, Jesus não usou o nome *Messias* porque, em seus dias, esse termo tinha uma conotação de ação política. Ao referir a si mesmo como *Filho do Homem*, Jesus evoca a imagem de Daniel associada à ideia do servo sofredor. Antes de se manifestar como o **Filho do Homem divino e glorioso**, ele veio em humilhação, não para reinar, mas para dar a sua vida em favor dos pecadores.

1.1.4 O Filho de Deus

O título **Filho de Deus** era conhecido no mundo antigo tanto por gregos quanto por judeus. Isso porque a mitologia grega é povoada de homens divinos, gerados por deuses e dotados de poderes especiais. No Antigo Testamento, a expressão está especialmente ligada à promessa de Deus a Davi a respeito de seu sucessor: "Eu serei para ele um pai e ele será para mim um filho" (II Samuel, 7: 14)[10].

O teólogo Geerhardus Johannes Vos[11], citado por Ladd (2003, p. 212-213), argumenta que tal título pode ser usado em quatro sentidos:

---

10 Veja também Salmos, 2: 7; 89: 27, 29.
11 Geerhardus Johannes Vos (1862-1949), nascido nos Estados Unidos, foi um teólogo calvinista.

1. **Sentido nativista** – Em referência às criaturas de Deus (Lucas, 3: 38).
2. **Sentido moral-religioso** – Em referência a pessoas que são objeto do amor especial de Deus (Êxodo, 4: 22; João, 3: 3).
3. **Sentido messiânico** – Em referência ao descendente de Davi (II Samuel, 7: 14).
4. **Sentido teológico** – Em referência à igualdade de Jesus a Deus (João, 20: 31).

Nos evangelhos, o título *Filho de Deus* tem um significado teológico que indica a identificação de Jesus com Deus Pai. Marcos principia seu livro declarando: "Princípio do evangelho de Jesus Cristo, Filho de Deus" (1: 1). Ele não somente inicia o seu livro com a afirmação da filiação divina de Jesus, mas também o estrutura em torno dessa verdade ao colocar a profissão de fé de Pedro como tema central de seu texto (Marcos, 8: 29) e a confissão do centurião que estava defronte à cruz à qual Jesus fora crucificado como o ponto culminante de sua história: "O centurião, que se achava bem defronte dEle [...], disse: 'Verdadeiramente, este homem era o Filho de Deus'" (Marcos, 15: 39). Philip H. Bligh, citado por Morris (2003, p. 119), argumenta que o sentido da confissão do centurião é reconhecer que "este homem [Jesus] não é César, é o Filho de Deus". Morris (2003, p. 119) afirma que "O Filho de Deus é [...] o primeiro e o último título aplicado a Jesus neste evangelho [Marcos]".

Mateus (16: 16) entende a profissão de fé de Pedro como uma declaração da divindade de Cristo: "Tu és o Cristo, o Filho do Deus vivo". Ladd (2003, p. 215) observa que, embora Jesus fale de si mesmo como *filho*, nunca usa o título *Filho de Deus* para se referir a si mesmo. Mas, curiosamente, essa é a designação mais usada no Novo Testamento para se referir a Jesus. A voz do céu proclama que

"Este é o meu Filho amado" (Marcos, 9: 7). As tentações de Jesus o desafiam a provar que é o "Filho de Deus" (Mateus, 4: 3, 6; Lucas, 4: 3[12], 9). Os demônios o reconhecem como Filho de Deus (Marcos, 5: 7) e o sacerdote lhe pergunta se, de fato, ele é "o Filho o [sic] Deus bendito?" (Marcos, 14: 61).

Uma declaração significativa, feita por Jesus, está relatada em Mateus (11: 27): "ninguém conhece o Filho senão o Pai, e ninguém conhece o Pai senão o Filho, e aquele a quem o Filho o quiser revelar". Assim, Jesus deixa claro que tem uma relação única e exclusiva com Deus (o Pai).

Uma declaração significativa, feita por Jesus, está relatada em Mateus (11: 27): "ninguém conhece o Filho senão o Pai, e ninguém conhece o Pai senão o Filho, e aquele a quem o Filho o quiser revelar". Assim, Jesus deixa claro que tem uma relação única e exclusiva com Deus (o Pai).

No Evangelho de Lucas, o anjo Gabriel anuncia a Maria que Jesus seria chamado de *Filho do Altíssimo* (1: 32) e *Filho de Deus* (1: 35). Ele também registra a expressão em passagens que não aparecem nos outros Evangelhos Sinópticos. Morris (2003), lembra que, em certo trecho, os demônios que saem dos corpos dos doentes curados por Jesus exclamam: "Tu és o Filho de Deus" (Lucas, 4: 41); mais adiante, quando estava perante o Sinédrio, os anciãos perguntam a Jesus: "És, portanto, o Filho de Deus?" (Lucas, 22: 70).

Embora Mateus use a expressão *Filho de Deus* em passagens da história de Jesus em que Marcos não a usa, isso não implica divergência de tradição, porque Marcos também apresenta Jesus como Filho de Deus. Sobre isso, Ladd (2001) argumenta que Mateus apenas reforça uma tradição que também é apresentada em Marcos.

---

12 Nesse versículo, está grafado "filho de Deus" (Bíblia, 2002).

Ladd (2003, p. 220) diz ainda que filiação e messiado não são a mesma coisa: "a filiação precede o messiado e é, na verdade, a base para a tarefa messiânica". A expressão *Filho de Deus* está mais associada ao poder de Jesus sobre o mundo espiritual, ao passo que a expressão *Messias* está associada ao estabelecimento do Reino de Deus. Por exemplo, na cruz, o povo desafia Jesus: "Tu que destrói o Templo e em três dias o edificais, salva-te a ti mesmo, se és Filho de Deus, e desce da cruz" (Mateus, 27: 40) e "Confiou em Deus: pois que o livre agora, se é que se interessa por ele! Já que ele disse: Eu sou filho de Deus" (Mateus, 27: 43). Isso pode indicar que Jesus havia afirmado ser filho de Deus. Segundo Ladd (2003, p. 220), "a filiação envolve algo mais que uma consciência filial; envolve uma relação única e exclusiva entre Deus e Jesus". Portanto, Jesus é o filho de Deus de um modo único e singular, e ninguém mais poderia compartilhar essa condição com o Pai.

1.2 Cristo no Evangelho de João

Dedicamos esta seção para tratar da doutrina de Cristo no Evangelho de João porque é nesse evangelho que ela aparece mais desenvolvida. Analisaremos como o evangelista desenvolve seu relato com o objetivo declarado de demonstrar "que Jesus é o Cristo, o Filho de Deus" (João, 20: 31).

Veremos que a introdução desse evangelho é completamente inédita, assim como o é o título **Verbo** (*Logos*), que João atribui a Jesus, além de também usar os outros títulos que já vimos nos Evangelhos Sinópticos, mas com nuances próprias.

1.2.1 O Verbo

João abre seu evangelho com uma apresentação própria de Jesus ao chamá-lo de *Verbo* (ou *Logos*, como aparece em algumas versões da Bíblia[13]): "No princípio era o Verbo e o Verbo estava com Deus e o Verbo era Deus [...] E o Verbo se fez carne, e habitou entre nós" (João, 1: 1, 14).

O termo *Verbo* aparece apenas nos escritos de João: além do já citado capítulo primeiro do seu evangelho, ocorre na Primeira Epístola de São João (I João, 1: 1) e no livro do Apocalipse (19: 13). A razão por que os Evangelhos Sinópticos não usam esse termo pode sugerir que ele se trata de uma reflexão teológica dos cristãos do final do primeiro século.

Jesus nunca se refere a si mesmo como *o Verbo*, e o próprio João não volta a usar o termo ao longo do seu evangelho. Marshall (2007, p. 446) diz que, embora Jesus não seja mais chamado de *Verbo*, "ele age como o Verbo no restante do evangelho". João fala sobre o Verbo, da encarnação e da missão e, somente no versículo 29 do capítulo 1, ele o identifica como *Jesus*, quando relata que João Batista o vê e diz: "Eis o Cordeiro de Deus" (João, 1: 29). Ao longo do seu evangelho, o nome de Jesus aparece mais do que nos Evangelhos Sinópticos: "237 vezes", segundo Morris (2003, p. 269). João conclui seu texto declarando expressamente o seu objetivo: "Esses [os sinais de Jesus que aparecem

> *Jesus nunca se refere a si mesmo como o Verbo, e o próprio João não volta a usar o termo ao longo do seu evangelho.*

---

13 Dos autores que citamos nesta seção, há variações na preferência pelo termo utilizado: Marshall (2007) utiliza somente o termo *Verbo*; Morris (2003) usa preferencialmente o termo *Palavra*, mas, também, em certas passagens, *Logos* e *Verbo*, ambos com o mesmo significado daquele; Ladd (2003) prefere o termo *Logos*; Boor (2002), utiliza tanto *Verbo* quanto *Logos* e, em alguns casos, *palavra*; Bultmann (2008) utiliza *Palavra*; por fim, Bruce (1987) alterna entre *Verbo*, *Logos* e *logos*.

em seu evangelho], porém, foram escritos para crerdes que Jesus é o Cristo, o Filho de Deus, e para que, crendo, tenhais vida em seu nome" (João, 20: 31).

Ladd (2001) diz que, independentemente da intenção de João, o termo *Logos* apela tanto a gregos como a judeus, uma vez que pode ter origens tanto no Antigo Testamento como no pensamento helenístico. O autor sugere que João se apropriou deliberadamente de "um termo amplamente conhecido tanto no mundo helenístico como no judaico com a finalidade de postular o dignificado de Cristo" (Ladd, 2003, p. 357).

No pensamento judaico, a origem de *Verbo* pode ser definida em referência à *palavra de Deus*, "criativa e reveladora, pela qual os céus e a terra foram criados e os profetas 'inspirados'" (Thomas Walter Manson, citado por Ladd, 2003, p. 357). Segundo o livro do Gênesis (1: 3-29), Deus criou todas as coisas por sua palavra. A expressão "*E disse Deus*" parece referir-se não apenas ao poder de trazer a existência, criar, mas também de ordenar a criação em função e em propósito. A sabedoria personificada no livro dos Provérbios também tem relação com o *Verbo* de João: "Eu estava junto com ele como o mestre de obras" (Provérbios, 8: 30). Porém, Ladd (2003, p. 359) observa que a sabedoria nunca é chamada de *palavra de Deus*, embora proceda da boca do Santíssimo. Werner de Boor (2002, p. 31) esclarece que *Verbo* "é a explicação da Bíblia, interpretação do AT [Antigo Testamento]". É como se João estivesse dizendo: "O que era 'no princípio', quando Deus 'falou', vocês não precisam mais deduzir pessoalmente. Está diante de vocês de forma palpável em Jesus" (Boor, 2002, p. 31).

> *O termo* **Logos** *apela tanto a gregos como a judeus, uma vez que pode ter origens tanto no Antigo Testamento como no pensamento helenístico.*

Rudolf Karl Bultmann (2008, p. 498) discorda de que a origem de *Palavra* (*Verbo*) possa ser identificada no Antigo Testamento porque ali não há referência à palavra "em termos absolutos", e sim como "palavra de Deus"; e porque ela nunca designa uma figura, mas "o agir poderoso de Deus em determinados casos". Para o autor, *Palavra* vem da "tradição de uma mitologia cosmológica", em cujo ambiente o evangelho joanino foi escrito (Bultmann, 2008, p. 498-499).

No pensamento helenístico, *Logos* (*Verbo*) remonta ao filósofo Heráclito de Éfeso (600 a.C.), que o definia como "o princípio eterno de ordem no universo"). Os estoicos também usaram o conceito de *Logos* como "a base para uma vida moral e racional" (Ladd, 2003, p. 357). Frederick Fyvie Bruce (1987, p. 34) discorda da maioria dos estudiosos e afirma que não se encontra "o verdadeiro pano de fundo do pensamento e da linguagem de João" no contexto filosófico grego, "mas, sim, na revelação hebraica". Segundo ele, a expressão *no princípio*, do Evangelho de João (1: 1), é uma associação consciente com o livro do Gênesis (1: 1), e o termo *Verbo* é uma referência ao comando criador "Deus disse: [...] e assim se fez" (Gênesis, 1: 6)[14].

Segundo Boor (2002, p. 30),

> *João, porém, não discutiu em pormenores essas acepções distintas do "Logos" e não se decidiu por uma delas como a mais correta. Seus leitores podem ter imaginado por "Logos" a "sabedoria" ou "razão universal", respectivamente o "sentido" do mundo, uma lei que perpassa o universo ou uma força que atua em todo o mundo, ou podem ter visto o "Logos" como um ente divino intermediário entre Deus e o mundo, como ensinavam as teorias da gnose, mas a todos João declara: Tudo o que vocês possam ter imaginado ou presumido até agora sobre o "Logos" aparece com clareza e realidade plena somente em Jesus Cristo. Somente em Jesus vocês encontram o que vocês presumiam, imaginavam e buscavam.*

....

14   Veja também Salmos, 33: 6; 107: 20.

Ladd (2003, p. 360) observa que o uso de *Logos* (*Verbo*) por João vai muito além do conceito de Palavra de Deus no Antigo Testamento e do *Logos* da filosofia grega. O uso teológico não encontra paralelo na literatura judaica nem na helenística, pois o *Logos* de João não é impessoal ou apenas transcendente, pois ele se fez homem (João, 1: 14). Oscar Culmann, citado por Ladd (2003, p. 359), observa que o que é "estranho a ambos é a ideia de que a ação de revelação, essa palavra de Deus para o mundo, acontece de modo final e definido na estrutura histórica de uma vida humana terrena".

Ladd (2003, p. 360-361) argumenta que João usa o termo *Logos* (*Verbo*) para se referir a Jesus por cinco motivos principais:

1. **Para afirmar a preexistência de Jesus** – "No princípio era o Verbo" (João, 1: 1)[15]. Ladd (2003, p. 360) diz que não é possível saber quando a Igreja se tornou consciente da preexistência de Jesus, mas que o significado pleno só foi possível após a ressurreição e a ascensão dele. O "no princípio" do Evangelho de João (1: 1) é anterior ao "no princípio" do Gênesis (1: 1). Neste, é relatado que "No princípio, Deus criou" (pretérito perfeito do modo indicativo), ao passo que, em João, é dito que "No princípio era o Verbo" (pretérito imperfeito do indicativo). Marshall (2007, p. 426) afirma que "no princípio" pode significar "algo 'tão remoto quanto formos capazes de imaginar'".

2. **Para afirmar a divindade de Jesus** – "O Verbo estava **com** Deus e o Verbo era Deus" (João 1: 1, grifo nosso). Boor (2002, p. 32) diz que o termo *com* não implica somente uma "circunstância meramente espacial, mas faz soar a conotação de um íntimo 'em direção de'". O Verbo "não está simplesmente 'ao lado

---

15 Veja também João, 8: 58; 17: 5, e compare com Filipenses, 2: 6, e Colossenses, 1: 15.

de' Deus, mas permanece constantemente voltado '**em direção de Deus**' em todo o seu ser, integralmente relacionado com Deus e Pai, de cujo eterno 'falar' se originou" (Boor, 2002, p. 32, grifo do original). A afirmação de que o Verbo estava com Deus estabelece, ao mesmo tempo, a unidade e a distinção daquele em relação a Deus. Marshall (2007) argumenta que a identificação de Jesus com Deus é confirmada pela declaração de Tomé (João, 20: 28) ao reconhecer Jesus após a sua ressurreição.

A frase em grego "*kai theos en ho logos*", traduzida por "o Verbo era Deus", indica que *logos* é o sujeito da frase por ser acompanhado pelo artigo definido grego *ho*. A palavra *theos* aparece logo após a conjunção *kai*, o que indica ênfase. Se *theos* e *logos* fossem precedidos de artigo, o significado seria que "o Verbo é completamente idêntico a Deus", o que não confere com o contexto, pois o *logos* também está **com Deus** (Ladd, 2003). Boor, (2002, p. 32, grifo do original) observa que a expressão *pros theos* indica que o lugar de Jesus é ao lado de Deus, e não ao lado da criação, pois o Verbo é "**Deus por espécie**".

3. **Para afirmar a ação de Jesus na criação** – "Tudo foi feito por meio dele e sem ele nada foi feito" (João, 1: 3). Paulo também afirma que todas as coisas procedem de Deus por meio de Cristo (I Coríntios, 8: 6[16]) . O Verbo existe desde antes de toda a criação, pois foi o agente por meio do qual tudo foi criado. Assim, se tudo foi criado por meio dele, evidentemente isso exclui o próprio Verbo, do contrário, não seria possível afirmar que tudo foi criado por meio dele, pois ele não poderia ter criado a si mesmo. Boor (2002, p. 34) argumenta que Cristo é tanto o "Mediador da criação" como o "Mediador da redenção".

---

16   Veja também Hebreus, 2: 10.

4. **Para anunciar a encarnação de Jesus** – "E o Verbo se fez carne" (João, 1: 14). Anteriormente, João dissera que o Verbo "estava no mundo" (João, 1: 10), mas agora ele explica como o Verbo veio ao mundo: fazendo-se carne (tornando-se humano). Boor (2002, p. 42-43) observa que, ao contrário dos mitos gregos, Jesus não veio ao mundo protegido por disfarces, mas como "uma pessoa real de carne e sangue". Morris (2003, p. 272) diz que João poderia ter escolhido uma expressão mais leve, "como 'o Verbo assumiu um corpo' ou 'o Verbo se tornou homem'; no entanto, ele escolheu palavras quase ofensivas". Ladd (2003), por sua vez, diz que a declaração surpreende e refuta os filósofos e gnósticos que consideram a divindade absolutamente transcendente, separada da criação. "João deseja enfatizar que foi o próprio Deus, na pessoa do Verbo, que entrou na história humana, não como um fantasma, mas como um homem real, de carne e osso" (Ladd, 2003, p. 361). Ele também observa que "a palavra traduzida por 'habitou' ([do grego] *eskenosen*), ou 'tabernacular', é uma metáfora bíblica para indicar a presença de Deus" (Ladd, 2003, p. 361), uma referência ao tabernáculo, onde Deus habitava com seu povo (Êxodo, 25: 8-9; 40: 34). Nas palavras de Joachim Jeremias (citado por Ladd, 2003, p. 361): "o próprio Deus estava presente na carne, na humilhação".

5. **Para indicar Jesus como a suprema fonte de revelação** – "O que foi feito nele [o Verbo] era a vida, e a vida era a luz dos homens" (João, 1: 4). Como Verbo, Jesus revelou a vida, e todos viram "a sua glória [...] como Filho único, cheio de graça e de verdade" (João, 1: 14), dado a conhecer por Deus (João, 1: 18).

1.2.2 Cristo, o Messias

João refere-se a *Cristo* como um título (*"o Cristo"*), e não como parte do nome de Jesus, exceto por duas exceções: nos versículos 1: 17 e 17: 3 aparece o nome composto *Jesus Cristo* (Ladd, 2003). O objetivo de João, portanto, é fazer as pessoas crerem "que Jesus é **o Cristo**" (João, 20: 31, grifo nosso).

Logo no primeiro capítulo do Evangelho de João, André diz a Pedro que encontrara, junto com outro discípulo, "o Messias (que quer dizer Cristo)" (João, 1: 41). Mais adiante, Natanael, ao encontrar Jesus, diz: "Rabi, tu és o Filho de Deus, tu és o Rei de Israel" (João, 1: 49). Com isso, João está dizendo que Jesus é não somente *o Cristo*, mas também o *Filho de Deus*, porque cumpre a esperança messiânica do Antigo Testamento (João, 1: 45).

No capítulo 2 do Evangelho de João, é possível associar o incidente da purificação do templo (João, 2: 13-22), no qual Jesus expulsa os vendilhões, à profecia de Malaquias (3: 1): "de repente, entrará em seu Templo o Senhor que vós procurais", implicando que o incidente se trata de um ato messiânico. No capítulo 4 do Evangelho de João, ocorre uma das únicas passagens em que Jesus declara ser o Messias: "A mulher [a samaritana à qual Jesus solicitara que lhe desse de beber] lhe disse: 'Sei que vem um Messias (que se chama Cristo). Quando ele vier, nos anunciará tudo'. Disse-lhe Jesus: 'Sou eu, que falo contigo'" (João, 4: 25-26).

No Evangelho de João, o relato da multiplicação dos pães inclui a forte intenção do povo em declarar Jesus como rei de Israel (João, 6: 15). O título também aparece no relato da entrada triunfal de Jesus em Jerusalém, quando João registra que o povo clamava: "**Hosana! Bendito o que vem em nome do Senhor e o rei de Israel!**" (João, 12: 13, grifo do original). Morris (2003) afirma que a multiplicação dos pães envolvia certa expectativa messiânica, conforme aparece no relato de João (6: 1-15). Os opositores de Jesus insinuam que Moisés, ao dar o maná ao povo no deserto por 40 anos, havia realizado milagre maior e mais significativo do que o milagre de multiplicar pães comuns para uma simples refeição. Morris (2003, p. 274) relata que havia uma expectativa "de que, quando o Messias viesse, o milagre do maná ocorreria de novo".[17] Em resposta, Jesus diz que ele próprio é o pão da vida que sacia a fome permanentemente (João, 6: 35).

João relata também que havia uma interpretação, comum naquele tempo, a respeito da chegada do Messias. Na Festa dos Tabernáculos, o povo comentava: "Mas nós sabemos de onde esse é; ao passo que ninguém saberá de onde será o Cristo, quando ele vier" (João, 7: 27); porém Jesus era muito conhecido em toda a Palestina e as pessoas sabiam de onde ele era e quem era da sua família.

Segundo Morris (2003), quando Jesus afirma ser "a luz do mundo" (João, 8: 12), está afirmando ser o Messias, pois os próprios rabinos ensinavam que "Luz é o nome do Messias" (John Lightfoot, citado por Morris, 2003, p. 275). No capítulo 9 do Evangelho de João, a confusão em torno da identidade do Messias surge na forma de ameaça dos líderes judeus de expulsar da sinagoga quem "reconhecesse Jesus como Cristo" (João, 9: 22).

Mais adiante, João relata que, durante a Festa da Dedicação, os judeus desafiam Jesus: "Se és o Cristo, dize-nos abertamente" (João, 10: 24). Ao que ele responde: "Já vo-lo disse, mas não acreditais. As obras que faço em nome de meu Pai dão testemunho de mim" (João, 10: 25). Morris (2003, p. 277) diz que a afirmação "já vo-lo

---

17 Morris (2003) cita uma passagem do apócrifo Apocalipse de Baruque, que diz: "Acontecerá então que o tesouro do maná cairá novamente do alto, e eles comerão dele naqueles anos porque eles são os que terão chegado na consumação do tempo" (II Baruque, 29: 8, citado por Morris, 2003, p. 274).

disse" "pode significar que, apesar de ele não o ter dito diretamente 'eu sou o Cristo', o conteúdo geral da sua mensagem deixa isso claro". Outra interpretação dada por Morris (2003) é que as "obras" que Jesus fazia diziam quem ele era. Uma confissão importante aparece nos lábios de Marta: "Sim, Senhor, eu creio que tu és o Cristo, o Filho de Deus que vem ao mundo" (João, 11: 27). Morris (2003) sugere que esse registro demonstra que João fez Marta confessar o que ele mesmo pretendia com o seu evangelho e que ele declara no fim do penúltimo capítulo deste (João, 20: 31).

Outra interpretação a respeito do Messias aparece quando Jesus começa a falar de sua morte e a multidão para a qual ele falava lhe pergunta: "Sabemos, pela Lei, que o Cristo permanecerá para sempre. Como dizes: 'É preciso que o Filho do Homem seja elevado'? Quem é esse Filho do Homem?" (João, 12: 34). Morris (2003) observa que essa pergunta é muito interessante por demonstrar que os judeus não conseguiam associar o Cristo à morte.

Ladd (2003, p. 362) observa que, embora o rei messiânico não seja central no Evangelho de João, as referências a ele "refletem uma situação histórica que nos permite afirmar que Jesus fez e ensinou coisas que levaram algumas pessoas a pensarem que [ele] era o Messias, porém, ainda assim, ele não se ajustava ao padrão esperado".

1.2.3 O Filho do Homem

Assim como ocorre nos Evangelhos Sinópticos, a expressão *Filho do Homem*, no Evangelho de João, é usada somente pelo próprio Jesus. Em nenhuma ocorrência o título é aplicado a Jesus pelos discípulos ou por outras pessoas. O fundo histórico do título está diretamente associado à visão de Daniel (7: 13-14):

Eu continuava contemplando, nas minhas visões noturnas, quando notei, vindo sobre as nuvens do céu, um como Filho de Homem. Ele adiantou-se até ao Ancião e foi introduzido à sua presença. A ele foi outorgado o império, a honra e o reino, e todos os povos, nações e línguas o serviram. Seu império é um império eterno que jamais passará, e seu reino jamais será destruído.

Ladd (2003) observa que o título *Filho do Homem*, aparentemente, despertava certa confusão quanto ao seu significado. Por exemplo, no Evangelho de João, a expressão geralmente causa perplexidade. Quando Jesus diz: "É chegada a hora em que será glorificado o Filho do Homem" (João, 12: 23) e discorre sobre a sua morte, logo depois os judeus perguntam: "Sabemos, pela Lei, que o Cristo permanecerá para sempre. Como dizes: 'É preciso que o Filho do Homem seja elevado'? Quem é esse Filho do Homem?" (João, 12: 34). Percebemos, assim, que a maior dificuldade dos judeus era relacionar a figura gloriosa do Filho do Homem à possibilidade de que ele sofresse e tivesse uma morte cruenta.

Segundo Ladd (2003, p. 364), João utiliza o título *Filho do Homem* de maneira distinta da usada nos Evangelhos Sinópticos, o que, segundo ele, indica que João segue "uma tradição independente". Nesse evangelho, a expressão *Filho do Homem* aparece sempre relacionada à paixão e à glorificação de Jesus (João, 3: 13-14; 8: 28; 12: 23, 34; 13: 31). No sermão proferido após a multiplicação dos pães, Jesus declara que ele é "o pão da vida" (João, 6: 35) e o "alimento que permanece para a vida eterna, alimento que o Filho do Homem vos dará" (João, 6: 27).

Na opinião de Ladd (2003, p. 364), a declaração mais difícil do Evangelho de João a respeito do Filho do Homem é: "Vereis o céu aberto e os anjos de Deus subindo e descendo sobre o Filho do Homem" (João 1: 51). Tem havido muita discussão sobre o sentido de *subindo e descendo*. A referência à visão de Jacó descrita no livro do Gênesis (28: 12) pode sugerir que a missão de Jesus é restabelecer a comunicação entre os céus e a terra ou ser a "ponte entre terra e céu" (Morris, 2003, p. 280-281). A interpretação desse versículo feita por André Chouraqui[18] propõe que a expressão *Filho do Homem* significa apenas "'o homem', nada mais" (Chouraqui, 1995, p. 65).

O Filho do Homem é também aquele a quem Deus conferiu autoridade para julgar (João, 5: 22, 27, 30). Em uma passagem, Jesus afirma que não veio para julgar, mas para salvar o mundo (João, 3: 17). No entanto, em outra, Jesus diz que veio ao mundo para juízo (João, 9: 38). É que a graça da salvação implica julgamento. O objetivo principal de Jesus é salvar o mundo, mas a rejeição ao Salvador implica condenação, como diz João (3: 18-19): "Quem nele crê não é julgado; quem não crê já está julgado, porque não creu no Nome do Filho único de Deus. Este julgamento: a luz veio ao mundo, mas os homens preferira mas [sic] trevas à luz, porque as suas obras eram más". Mais adiante, relata João (12: 47-48): "Se alguém ouvir minhas palavras e não as guardar, eu não o julgo, pois não vim para julgar o mundo, mas para salvar o mundo. Quem me rejeita e não acolhe minhas palavras tem seu juiz: a palavra que proferi é que julgará no último dia".

1.2.4 O Filho de Deus

O propósito do Evangelho de João é levar as pessoas a crer "que Jesus é o Cristo, o Filho de Deus" (20: 31), associando o nome de Jesus a dois de seus principais títulos: *Cristo* e *Filho de Deus*. Ao contrário do título *Filho do Homem*, que Jesus aplica a si mesmo, o título

---

18 André Chouraqui (1917-2007) foi um judeu-argelino que se dedicou à tradução da Bíblia para o francês a partir do texto original.

Filho de Deus raramente é usado diretamente por Jesus. Segundo Marshall (2007, p. 446), o título *Filho de Deus* é mais confessional, e o objetivo do Evangelho de João é "levar os leitores a compartilhar tal confissão (Jo 1.49; 20.31)[19]". João usa várias vezes os termos *Filho* ou *Filho de Deus* como equivalentes.

Apenas no Evangelho de João o título aparece nas palavras do próprio Jesus, como nas passagens de João, 3: 18; 5: 25; 9: 35; 11: 4. Em João, 10: 36, Jesus é acusado de blasfêmia por ter chamado a si mesmo de *Filho de Deus* e não se retrata: "àquele que o Pai consagrou e enviou ao mundo dizeis: 'Blasfemas!', porque disse: 'Sou Filho de Deus!'". Assim, se o título *Filho do Homem* afirma a **humanidade** de Jesus, o título *Filho de Deus* afirma a sua plena **divindade**.

Embora não use o título *Filho de Deus*, Jesus fala muito mais abertamente sobre sua filiação a Deus no Evangelho de João do que nos Evangelhos Sinópticos. No texto de Mateus, segundo Ladd (2003), Jesus refere-se cerca de vinte e três vezes a Deus como *Pai*; no de Marcos, quatro vezes – e, no documento Q[20], nove vezes – e, quase sempre, Jesus está falando com seus discípulos em particular. Mas, no texto de João, Jesus refere-se a Deus como *Pai* cento e seis vezes, e ele o faz em público. Além disso, Jesus usa a expressão "'meu Pai' vinte e quatro vezes em João, dezoito em Mateus, seis em Marcos e três em Lucas" (Ladd, 2003, p. 365-366).

....

19 Essa indicação bíblica é do próprio Marshall (2007), por isso difere das indicações que adotamos ao longo deste livro.
20 O **documento Q** é uma hipótese bastante considerada na pesquisa da formação dos Evangelhos Sinópticos pela qual teria existido uma coleção de frases ditas de Jesus. Essa suposta coleção fora usada pelos evangelistas como fonte para a produção de seus evangelhos. Particularmente, Mateus e Lucas teriam sido os mais influenciados por essa fonte e isso explicaria o material comum apresentado por esses dois evangelistas.

Cristologia

Na passagem de João, 1: 14, ao falar da encarnação, o evangelista declara: "vimos a sua glória, glória que ele [o Verbo] tem junto ao Pai [...]". Em outra passagem, no batismo de Jesus, João Batista o confessa como "o Filho de Deus" (João, 1: 34).

Em João, 1: 18, Jesus é chamado de *Filho único*, expressão que aparece também em João, 3: 16, e em João, 3: 18. Ladd (2001) diz que a melhor leitura textual é *unigênito de Deus*. Segundo a explicação do autor, "é possível que João pretende que o termo [unigênito] inclua a ideia de que Jesus foi gerado por Deus [...]" (Ladd, 2001, p. 232). Porém a palavra traduzida como "gerado" deriva de *genos* (espécie, gênero ou tipo), e não de *gennaō* (gerar). Assim, a palavra *unigênito*, aplicada a Jesus, significa que "Jesus é o único de sua classe" (Ladd, 2001, p. 232). Ladd (2001) observa ainda que Jesus nunca diz "nosso Pai", equiparando sua filiação e a dos seus discípulos a Deus, mas coloca sua relação com o Pai em um nível exclusivo, como aparece em João, 20: 17: "Subo a meu Pai e vosso Pai; a meu Deus e vosso Deus".

Jesus fala de si mesmo como objeto do amor do Pai (João, 5: 20; 10: 17) e compartilha esse amor com os discípulos (João, 15: 9). Por causa dessa relação com Deus, as obras de Jesus são divinas: "Meu Pai trabalha até agora e eu **também** trabalho" (João, 5: 17, grifo nosso) e "tudo o que este [o Pai] faz o Filho o faz **igualmente**" (João, 5: 19, grifo nosso)[21]. Os judeus entenderam claramente que Jesus estava se colocando em igualdade com Deus (João, 5: 18). Também temos essa impressão quando lemos as seguintes passagens: Jesus diz que suas palavras também são a Palavra de Deus (João, 8: 26) e que fala somente o que o Pai lhe ensinou (João, 8: 28,40; 14: 24);

---

21 Veja também: João, 10: 32; 14: 10.

o conhecimento que o Pai tem do Filho é o mesmo conhecimento direto, não mediado, que o Filho tem do Pai (João, 6: 47; 10: 15); o Pai confiou todas as coisas ao Filho (João, 3: 35); Jesus é digno da mesma honra que o Pai (João, 5: 23); acima de tudo, a unidade do Pai e do Filho não é apenas de missão e propósito, mas de identidade absoluta, pois o Pai está no Filho e o Filho está no Pai (João, 10: 38; 14: 10-11).

Uma das acusações levantadas contra Jesus em seu julgamento é que ele "se fez Filho de Deus" (João, 19: 7). A relação entre o Pai e o Filho aparece na glorificação de ambos. Em João, 11: 4, Jesus diz que a doença de Lázaro é "para a glória de Deus, para que, por ela, seja glorificado o Filho de Deus". Mais adiante, o Pai é glorificado no Filho (João, 14: 13). Na oração sacerdotal, Jesus pede: Pai [...]: glorifica teu Filho, para que teu Filho te glorifique" (João, 17: 1). Vincent Taylor (1946), citado por Morris (2003, p. 279-280), expõe que "não poderia haver controvérsia mais inútil do que a discussão sobre se nessas passagens está em vista a crucificação ou a exaltação. A morte é a exaltação".

1.2.5 A divindade de Jesus

No evangelho joanino, Jesus aplica a si mesmo a expressão *eu sou*. Morris (2003) diz, naturalmente, que essa expressão pode ter sido usada em sentido comum, porém, quando o Antigo Testamento foi traduzido para o grego, os tradutores resolveram manter a forma especial da revelação de Deus, usando o pronome enfático: "Eu sou" (Morris, 2003, p. 281).

Marshall (2007, p. 446-447) explica que "Em si mesma, a expressão não seria nada além de uma autoidentificação [...]. Mas a frase é usada por Deus no AT [Antigo testamento] para identificar a si próprio como Deus" e, por isso, quando Jesus a usa para si mesmo, ele está "falando a partir do lugar de Deus".

Ladd (2003, p. 369) observa que as declarações aparecem sob duas formas distintas: "com um predicado" e "de modo absoluto". As declarações com um predicado, segundo o autor, são aquelas nas quais Jesus atribui a si a qualidade de algo, seja ele concreto, seja ele abstrato, conforme aparecem no Evangelho de João nos seguintes versículos [grifo nosso]:

....

"**Eu sou** o pão da vida" (6: 35);
"**Eu sou** o pão da vida" (6: 48);
"**Eu sou** o pão descido do céu" (6: 41);
"**Eu sou** o pão vivo descido do céu" (6: 51);
"**Eu sou** a luz do mundo" (8: 12);
"**Eu sou** a porta das ovelhas" (10: 7);
"**Eu sou** a porta" (10: 9);
"**Eu sou** o bom pastor" (10: 11, 14);
"**Eu sou** a ressurreição" (11: 25);
"**Eu sou** o Caminho, a Verdade e a Vida" (14: 6);
"**Eu sou** a verdadeira videira" (15: 1);
"**Eu sou** a videira" (15: 5).

....

As declarações em que Jesus designa a si mesmo usando as palavras "EU SOU" (do grego *ego eimi*) de modo absoluto aparecem no Evangelho de João nos seguintes versículos [grifo nosso]:

"**Sou eu**, que falo contigo" (4: 26) – declarando-se o Messias aguardado pelo povo.

"Jesus [...] lhes disse [aos discípulos]: '**Sou eu**. Não temais'" (6: 20) – fazendo-se reconhecer pelos seus discípulos.

"se não crerdes que **EU SOU**, morrereis em vossos pecados" (8: 24) – referindo-se à sua própria divindade.

"antes que Abraão existisse, **EU SOU**" (8: 58).

"quando acontecer, creiais que **EU SOU**" (13: 19).

"Disse-lhes [aos guardas que foram prendê-lo]: '**Sou eu**'. [...] Quando Jesus lhes disse '**Sou eu**', recuaram e caíram por terra. [...] Jesus respondeu: 'Eu vos disse que **sou eu**'" (18: 5-6, 8) – na ocasião em que foi preso.

Ethelbert Stauffer, citado por Ladd (2003, p. 370) explica que a expressão *Eu sou* é "a mais autêntica, a mais audaciosa e a mais profunda afirmação, procedente de Jesus, a respeito de quem Ele era".

Outra expressão típica de Jesus é *em verdade*. Segundo Morris (2003), nos Evangelhos Sinópticos, ela é encontrada com frequência: no Evangelho de Mateus, ela ocorre trinta e uma vezes; no de Marcos, treze; e no de Lucas, seis vezes. Já no Evangelho de João, a expressão aparece cinquenta vezes, mas com um detalhe: sempre repetida – *em verdade, em verdade*, no original, "Amém, amém" (Morris, 2003, p. 284).

Outra observação sobre essa expressão é que, ao contrário do uso comum, Jesus a usa no início de suas afirmações, e não no fim delas. Isso a destaca como especialmente solene e portadora de sua

Normalmente, a palavra **amém** *era a resposta das pessoas na congregação ao que o dirigente dizia.* **Amém**, *transliterado do hebraico, significa "que assim seja", isto é, revela concordância com que foi dito anteriormente.*

autenticação. O uso da expressão indica que tanto ele quanto o que ele diz têm o apoio de Deus, de modo que a expressão tem implicações cristológicas importantes (Morris, 2003, p. 285).

Normalmente, a palavra *amém* era a resposta das pessoas na congregação ao que o dirigente dizia. *Amém*, transliterado do hebraico, significa "que assim seja", isto é, revela concordância com que foi dito anteriormente. Ao usar essas palavras no início de suas afirmações, "Jesus está dizendo que Deus aceita essas palavras e fará com que se cumpram" (Morris, 2003, p. 285).

Jeremias (2008, p. 366) diz que tanto o *ego* enfático como o *amém* têm a intenção de "falar com a plenipotência divina, pretende ter dupla *exousia* [autoridade] real de Deus, de dar anistia e de legislar".

1.3 Cristo nas epístolas de Paulo

Antes de iniciarmos a discussão sobre a visão de Cristo nos escritos de Paulo, devemos analisar o que mudou na visão do Saulo fariseu para o Paulo apóstolo, sobretudo sobre sua revelação de que Jesus é *o Cristo*.

Assim, nesta seção, veremos as principais referências à doutrina de Cristo nos escritos paulinos e abordaremos os principais títulos atribuídos por Paulo a Jesus e algumas passagens da Epístola aos Colossenses e da Epístola aos Filipenses 2.

1.3.1 O Cristo

Embora os quatro Evangelhos tenham sido escritos depois das epístolas de Paulo, Ladd (2001, p. 383) diz que a visão paulina de Cristo "reflete um desenvolvimento bem posterior". Se, nos Evangelhos,

Cristo aparece mais como um título, nos escritos de Paulo ele se torna definitivamente um nome próprio. Paulo usa mais de uma centena de vezes o nome *Jesus Cristo* outras tantas o nome *Cristo* de forma isolada[22]; no entanto, Paulo também menciona ocasionalmente *Cristo Jesus*, fato que demonstra, para Cullmann (citado por Ladd, 2001), que ele tinha consciência de que *Cristo* era um título e não um nome.

Provavelmente, a transformação do título *Cristo* em nome próprio tenha ocorrido na igreja helenista, uma vez que, nessa igreja, a palavra *Cristo* não tinha conotação religiosa como o tinha para os judeus. Podemos supor isso pelo registro do livro dos Atos dos Apóstolos (11: 26) de que os seguidores de Jesus foram, pela primeira vez, chamados *cristãos* em Antioquia.

Paulo sempre foi teólogo, antes e depois da sua conversão. Ele próprio diz que é fariseu (Atos, 26: 5; Filipenses, 3: 5), "educado aos pés de Gamaliel" (Atos, 22: 3). Após sua conversão, ele tornou-se o mais expressivo nome do cristianismo primitivo, especialmente entre os não judeus. Mas qual foi a principal mudança do Saulo fariseu para o Paulo apóstolo em relação a Jesus?

Segundo William David Davies, citado por Ladd (2001), foi o reconhecimento de que Jesus era de fato o Messias prometido por Deus com todas as implicações pertinentes a esse fato. Essa convicção levou Paulo a uma reinterpretação radical das Sagradas Escrituras sobre a pessoa e a missão do Messias.

> *Provavelmente, a transformação do título Cristo em nome próprio tenha ocorrido na igreja helenista, uma vez que, nessa igreja, a palavra Cristo não tinha conotação religiosa como o tinha para os judeus. Podemos supor isso pelo registro do livro dos Atos dos Apóstolos (11: 26) de que os seguidores de Jesus foram, pela primeira vez, chamados cristãos em Antioquia.*

---

22 Os números podem variar dependendo da versão da Bíblia consultada.

Nos escritos paulinos, Jesus não somente cumpre as escrituras judaicas (I Coríntios, 15: 33), mas também é o rei que trará o glorioso Reino de Deus (II Timóteo, 4: 1; II Tessalonicenses, 1: 5), que julgará a humanidade (I Coríntios, 5: 10) e que destruirá o iníquo (II Tessalonicenses, 2: 8).

Ladd (2001) observa que há uma diferença considerável entre os Evangelhos e os escritos paulinos quanto ao Reino de Deus e o messianismo de Jesus. Segundo ele, isso se deve ao fato de Paulo dirigir-se a um público gentio, não familiarizado com as escrituras judaicas. Além disso, Paulo deveria ter cuidado em proclamar a Cristo como rei porque isso poderia ser muito mal interpretado, acarretando até uma acusação de sedição (Atos, 17: 3, 7).

1.3.2 O Reino de Deus

Mesmo não mencionando muitas vezes os conceitos de **Reino de Deus** e de **Messias**, eles estão fortemente presentes no pensamento de Paulo. Ele diz que Jesus reinará "**até que tenha os seus inimigos debaixo dos seus pés**" (I Coríntios, 15: 25, grifo do original), o que inclui vencer o "último inimigo", isto é, "a Morte" (I Coríntios, 15: 26), antes de "entregar o reino a Deus Pai" (I Coríntios, 15: 24).

Nessa seção da Primeira Epístola aos Coríntios, Paulo apresenta o Reino de Deus como "o domínio dinâmico, redentor, de Deus, exercitado em toda a missão messiânica de Cristo" (Ladd, 2001, p. 384) a fim de restaurar todas as coisas, conforme o propósito de Deus. Isso envolve dois aspectos: um positivo, que é a "vida para todos aqueles que estão em Cristo"; e um negativo, que é a "subordinação e sujeição de todos os poderes espirituais e de todas as vontades hostis à vontade de Deus" (Ladd, 2001, p. 385).

Os escritos de Paulo a respeito do Reino de Deus também apresentam uma polaridade entre o presente e o futuro. Em alguns textos, ele fala do Reino de Deus como uma realidade escatológica a ser herdada (I Coríntios, 6: 9, 10; 15: 50; Gálatas, 5: 21), igualado à "glória" (I Tessalonicenses, 2: 12), que também tem sentido escatológico. A própria salvação equivale a ser chamado para o Reino de Deus ou à glória de Deus. O presente envolve sofrimentos, mas eles não são comparáveis com a glória que há de ser revelada na manifestação futura de Cristo (Romanos, 8: 18; II Tessalonicenses, 1: 5; II Timóteo 4: 1). Os cristãos devem suportar os sofrimentos com paciência e com esperança (Ladd, 2001). O Reino de Deus não está interessado apenas em espaços físicos, mas em realidades espirituais, como a justiça, a paz e a alegria – os frutos do Espírito Santo (Romanos, 14: 17) que agora habitam os corações dos que creem.

Em outros textos, Paulo apresenta o Reino de Deus como uma benção presente, experimentada em Cristo. Os crentes já foram libertos do império das trevas e transportados para o Reino de Deus (Colossenses, 1: 13). Esse Reino não se resume à Igreja, mas a inclui, sendo mais amplo do que ela, uma vez que envolve toda a esfera do governo de Cristo "sobre o céu e sobre a terra" (Mateus, 28: 18). Jesus rejeitou um reino terrestre (Mateus, 4: 8-10; João, 6: 15) e assumiu um reino superior e eterno, sobre todos os poderes do mundo visível e do mundo invisível.

1.3.3 O Jesus histórico

Muitos se perguntam por que Paulo fala muito do Cristo glorificado e tão pouco do Jesus terreno. Apesar disso, ele não deixa de demonstrar conhecimento sobre os fatos e as palavras de Jesus nem faz separação entre o primeiro e o segundo.

Ladd (2003) e Morris (2003) enumeram algumas menções claras de Paulo sobre a vida terrena de Jesus, dentre as quais, destacamos: ele era israelita (Romanos, 9: 5); da família de Davi (Romanos, 1: 3);

nasceu de mulher e viveu sob a lei (Gálatas, 4: 4); tinha um irmão chamado Tiago (Gálatas, 1: 19) e outros irmãos (I Coríntios, 9: 5); era pobre (II Coríntios, 8: 9); exerceu seu ministério entre judeus (Romanos, 15: 2), teve doze discípulos (I Coríntios, 15: 5); instituiu a última ceia (I Coríntios, 11: 23); foi crucificado a pedido dos judeus (I Tessalonicenses, 2: 15); foi sepultado e ressuscitou dentre os mortos (I Coríntios, 15: 4; II Coríntios, 1: 3, 4).

Paulo também demonstra conhecimento sobre o caráter de Jesus: manso e benigno (II Coríntios, 10: 1); obediente a Deus (Romanos, 5: 19); paciente (II Tessalonicenses, 3: 5); cheio de graça (II Coríntios, 8: 9); amoroso (Romanos, 8: 35); totalmente abnegado (Filipenses, 2: 9); justo (Romanos, 5: 18); e sem pecado (II Coríntios, 5: 21) (Ladd, 2001; Morris, 2003). Segundo Elias Andrews, citado por Ladd (2001, p. 386), "estas referências tem [sic] que ter solidez histórica, [...] 'pois nenhum escrito ou expectativa [dos judeus], nem mesmo dos servos de Javé, poderia ter dado a Paulo o esboço de um ser de tamanha ternura, compaixão, amor e graça'". Outra observação interessante é que, na Primeira Epístola aos Coríntios (I Coríntios, 15: 5-8), Paulo "apela ao testemunho ocular, para estabelecer ser um fato a ressurreição de Jesus" (Ladd, 2001, p. 386).

Morris (2003) argumenta que Paulo tinha conhecimento suficiente das palavras de Jesus para citar algumas delas com precisão – como em I Coríntios, 7: 10; 9: 14 – e consciência de que, sobre alguns assuntos, ele não tinha nenhuma palavra de Jesus – por exemplo, em I Coríntios, 7: 12. Alguns de seus ensinos estão claramente baseados em palavras de Jesus – como em Romanos, 12: 14; 13: 9-10; 16: 19; I Coríntios, 13: 2. Morris (2003) observa ainda que Paulo teve contato direto com pelo menos dois autores de evangelhos – Lucas e Marcos (Colossenses, 4: 10, 14; Filemon, 24) –, o que, seguramente, dava a ele amplo acesso às palavras de Jesus.

Ladd (2003) sugere que a resposta à crítica de que Paulo parece ignorar o Jesus histórico é que, para o apóstolo, a resposta ao problema do papel do Jesus histórico "deve ser encontrada na natureza do evangelho e nos lugares ocupados por Jesus, como o Senhor, e por Paulo, como Seu servo, na história da redenção" (Ladd, 2003, p. 572). Segundo o autor, trata-se da mesma pregação com enfoques diferentes: o de Jesus, centrado em sua pessoa e em sua missão como o agente pelo qual Deus estava entre os homens; e o de Paulo, como intérprete do significado da pessoa e da missão de Jesus. A diferença principal entre os dois é que o papel de Paulo acontece depois da crucificação de Jesus, em um tempo pós-pascal, à luz da missão já consumada de Cristo. De acordo com Paulo, os significados completos da pessoa e da missão de Jesus somente poderiam ser compreendidos após sua crucificação e sua ressurreição, quando se cumpriu "a maior das bênçãos do Reino de Deus", isto é, "a vitória sobre a morte e a dádiva da vida" (Ladd, 2003, p. 572).

Foi somente após a ressurreição que Jesus foi "estabelecido Filho de Deus com poder por sua ressurreição dos mortos, segundo o Espírito de santidade" (Romanos, 1: 4). Portanto, quando Paulo fala sobre o significado escatológico da morte e da ressurreição de Cristo, ele estava "proclamando tudo o que a vida, as obras e as palavras de Jesus tinham significado, e muito mais" (Ladd, 2003, p. 573).

Por fim, resta-nos dizer que, segundo Paulo, para entender os significados da pessoa e da missão de Jesus, o homem depende totalmente da revelação do Espírito Santo (I Coríntios, 2: 10; Efésios 1: 17; 3: 5).

1.3.4 O Senhor

Para resgatar o sentido da palavra **Senhor**, é necessário voltarmos aos idiomas hebraico e grego.

Quando o Antigo Testamento foi transcrito para o grego, numa tradução chamada de *Septuaginta*[23] – "por simplificação: LXX, em latim" (Houaiss; Villar; Franco, 2009) –, o nome divino representado pelo tetragrama **YHWH** (*Yahweh*) foi traduzido para **Kyrios**. Porém alguns manuscritos da Septuaginta traduzem o tetragrama *YHWH* por ***IAO***, em vez de *Kyrios*. Isso quer dizer que nem sempre *Kyrios* foi a tradução do tetragrama em grego. Mas os textos da Septuaginta do século IV em diante sempre utilizam *Kyrios* em lugar do tetragrama.

Sabemos que os judeus usavam o termo *Kyrios* da mesma maneira que usavam *adonai* (*Senhor*) para se referir a *Yahweh*. As fontes indicam que, além da Septuaginta, também Fílon de Alexandria, Flávio Josefo e o livro apócrifo *Salmos de Salomão* são exemplos do uso de *Kyrios* para se referir a *Yahweh*. Para os gentios, por sua vez, a palavra *Kyrios* era usada para se referir ao imperador. Ben Whitherington III (2012) relata que, segundo Flávio Josefo, em sua *Guerra Judaica*, os judeus se recusavam a chamar o imperador romano de *Kyrios* porque consideravam esse nome reservado a Deus. Por isso, chamar Jesus de *Senhor* (*Kyrios*) tinha um profundo significado e um forte impacto para os cristãos, e trazia para eles grandes implicações, pois os colocava em oposição a César (Josefo, citado por Witherington III, 2012).

---

23 O significado do termo grego *septuaginta* é "setenta". O nome da mais antiga tradução da Bíblia (muitas vezes abreviado com o numeral romano *LXX*) deriva da lenda de que 72 anciãos de Israel traduziram o Pentateuco do hebraico para o grego em apenas 72 dias. Pelo menos, a substância da lenda, de que as versões mais antigas em grego do Antigo Testamento hebraico foram produzidas no terceiro século por judeus que falavam grego, é verdadeira, pois, presumivelmente, esse feito fantástico teria sido realizado em Alexandria, no Egito, por vários tradutores que trabalharam entre os séculos III e I a.C. A LXX é, sem dúvida, a mais importante versão da Bíblia. Como ocorre a todas as obras de autores variados, seu material difere bastante quanto ao nível linguístico e à qualidade literária, conforme explica Russel Norman Champlin (2004).

Ressaltamos que no Evangelho de Paulo, o uso do título *Senhor* em referência a Jesus é muito significativo. Paulo o escreve várias vezes, em variações como "Senhor", "Senhor Jesus", "Senhor Jesus Cristo", "Jesus, nosso Senhor", "Jesus Cristo, nosso Senhor", "Cristo Jesus, nosso Senhor". Segundo relata Morris (2003), das 718 ocorrências de *Senhor* em relação a Jesus em todo o Novo Testamento, 275 estão nos escritos de Paulo, ou seja, mais de um terço do total[24].

O **Senhorio de Cristo** é o centro da pregação de Paulo: "Não pregamos a nós mesmos, mas a Cristo Jesus, Senhor. Quanto a nós mesmos, apresentamo-nos como vossos servos por causa de Jesus" (II Coríntios, 4: 5). Para o apóstolo, a fé em Jesus expressa-se pela confissão de que ele é o Senhor: "Porque, se confessares com tua boca que Jesus é Senhor e creres em teu coração que Deus o ressuscitou dentre os mortos, serás salvo" (Romanos, 10: 9).

Ao associar a confissão do Senhorio de Jesus à salvação, dizendo que "**todo aquele que invocar o nome do Senhor será salvo**" (Romanos, 10: 13, grifo do original), Paulo atribui funções divinas a Jesus. O fundo profético dessa afirmação remete ao livro de Joel (2: 32), que diz: "E há de ser que todo aquele que invocar o nome do Senhor será salvo" (Bíblia, 1994). Na Primeira Epístola aos Coríntios, Paulo retoma texto do Antigo Testamento e o aplica a Jesus (I Coríntios, 10: 9) e, em outras passagens, atribui as mesmas funções ao Pai e ao Filho (Romanos, 14: 9-12; II Coríntios, 5: 10).

Reconhecer o Senhorio de Cristo é obra do Espírito Santo: "ninguém pode dizer: 'Jesus é Senhor' a não ser no Espírito Santo" (I Coríntios 12: 3). Com isso, Paulo quer dizer que a confissão sincera de Cristo como o Senhor é resultado de uma revelação do Espírito Santo.

---

24 Os números podem variar dependendo da versão da Bíblia consultada.

Ladd (2003, p. 575) argumenta que essa confissão tem caráter duplo: por um lado, reflete a experiência pessoal de quem confessa Jesus como o único Senhor (I Coríntios, 8: 5-6) e reconhece a sua autoridade sobre a própria vida e sobre tudo o que existe; por outro lado, a pessoa que crê em Jesus como Senhor participa da comunhão dos salvos, desfrutada por toda a Igreja. Paulo coloca Jesus e o Pai lado a lado: "existe um só Deus, o Pai [...] e um só Senhor, Jesus Cristo, por quem tudo existe e por quem nós somos" (I Coríntios, 8: 6). Assim Paulo evoca a afirmação judaica – "há um só Deus" – junto ao Senhorio de Cristo.

Além disso, quem confessa Cristo como Senhor está confessando que ele foi elevado a um lugar de soberania absoluta. No chamado *hino cristológico* da Epístola aos Filipenses (2: 5-11), Paulo diz que Jesus foi agraciado por Deus "com o Nome que é sobre todo o nome" (Filipenses, 2: 9), e que, diante dele, todo joelho se dobrará e toda língua confessará, "para a glória de Deus", que "Jesus é o Senhor" (Filipenses, 2: 11). Esse reconhecimento universal ainda não se concretizou, pois o Senhorio Universal de Jesus começou na glorificação e se completará na **parusia**[25] (I Coríntios, 15: 25-26).

1.3.5 O Filho de Deus

Paulo apresenta Jesus como *o homem* e como o **Filho de Deus**, uma "declaração extraordinária (para um judeu)" (Marshall, 2007, p. 369). Paulo não usa muitas vezes o título *Filho de Deus*, mas faz referências a "seu Filho", "seu próprio Filho" ou outros modos semelhantes (Morris, 2003). Embora os cristãos sejam chamados de *filhos de Deus*

---

25 O termo *parusia* ou *parúsia* vem do grego *parousia* ("visitação") e é usado na teologia para referir-se à crença do retorno de Jesus Cristo, ou seja, a sua segunda vinda.

(Romanos 8: 14), Jesus é **o** Filho de Deus, único e incomparável, e nele a expressão atinge o seu significado máximo.

Uma citação-chave para entender como Paulo entendia o Filho de Deus está na Epístola aos Romanos (1: 4): "estabelecido Filho de Deus com poder por sua ressurreição dos mortos, segundo o Espírito de santidade, Jesus Cristo nosso Senhor". Há muito debate sobre o que o apóstolo quis dizer com isso ou até mesmo se essas palavras são do próprio Paulo (Ladd, 2003, 576-577). Em resposta, o autor diz que Paulo está falando de Jesus como Filho de Deus, "tanto segundo a carne como segundo a ressurreição" (Ladd, 2003, p. 577). A expressão *segundo a carne* significa que Jesus era o Filho de Deus em fraqueza e humilhação, mas foi "ele designado o Filho de Deus em poder no domínio do Espírito, através de sua ressurreição" (Ladd, 2003, p. 577). Em seu ministério terreno, Jesus é o Filho de Deus, enviado pelo Pai para resgatar os que estavam sob a lei (Romanos, 8: 3; Gálatas, 4: 4). Ladd (2003, p. 577) observa ainda que, em Romanos, 1: 4, Paulo conclui chamando Jesus de "nosso Senhor", o que coloca em paralelo o Filho de Deus e o Senhor.

> *A missão do Filho de Deus é trazer muitos filhos para a família de Deus.*

Paulo destaca que a missão do Filho de Deus é trazer muitos filhos para a família de Deus. Ele escreve aos gálatas que "vós todos sois filhos de Deus pela fé em Cristo Jesus" (Gálatas, 3: 26), por meio do espírito de adoção (Romanos, 8: 15; Gálatas, 4: 5; Efésios, 1: 5), herdeiros de Deus e coerdeiros de Cristo (Romanos, 8: 17; Gálatas, 4: 6). Jesus é o único Filho de Deus (Romanos, 8: 3, 31), o Filho amado (Colossenses, 1: 13), e, por meio dele, somos feitos filhos de Deus também.

Uma última questão que aqui levantamos sobre a divindade de Jesus é a seguinte: Paulo, de fato, afirma claramente que Jesus é Deus?

Eis algumas citações a esse respeito:

- **Romanos, 9: 5**: "aos quais [os israelitas] pertencem os patriarcas, e dos quais desce o Cristo, segundo a carne, que é acima de tudo, Deus bendito pelos séculos".
- **II Tessalonicenses, 1: 12**: "Assim, será glorificado em vós o nome de nosso Senhor Jesus, e vós nele, pela graça do nosso Deus e do Senhor Jesus Cristo".
- **Tito, 2: 13**: "aguardando a nossa bendita esperança, a manifestação da glória do nosso grande Deus e Salvador, Cristo Jesus".
- **Tito, 3: 4**: "Mas, quando a bondade e o amor de Deus, nosso Salvador, se manifestaram, ele salvou-nos".
- **Filipenses, 2: 9-11**: "Por isso [pela humilhação e pela morte na cruz] Deus o sobre-exaltou grandemente e o agraciou com o Nome que é sobre todo o nome, para que, ao nome de Jesus, se dobre todo joelho [...] [e] toda língua confesse: Jesus é o Senhor".

Um trecho da Epístola aos Colossenses (1: 15-20) chama a atenção de Morris (2003):

Ele é a Imagem [eikon] do Deus invisível, o Primogênito [prototokos] de toda criatura, porque nele foram criadas todas as coisas, nos céus e na terra, as visíveis e as invisíveis: Tronos, Soberanias, Principados, Autoridades, tudo foi criado por ele e para ele. Ele é antes de tudo e tudo nele subsiste. Ele é a Cabeça da Igreja, que é o seu Corpo. Ele é o Princípio, o Primogênito dos mortos, (tendo em tudo a primazia), pois nele aprouve a Deus fazer habitar toda a Plenitude [pleroma] e reconciliar por ele e para ele todos os seres, os da terra e os dos céus, realizando a paz pelo sangue da sua cruz.

Segundo Morris (2003, p. 54), a palavra grega *eikōn* (imagem) pode significar "cópia" e também "semelhança (a imagem é exatamente igual, não diferente)"; é nesse sentido que Paulo a usa, isto é, significando "não que o Filho é diferente do Pai, mas que é exatamente igual a ele".

A interpretação do termo **primogênito**, aplicado a Jesus, é fundamental para o correto entendimento do que Paulo está dizendo. Ele não significa que Jesus foi o primeiro a ser criado, pelo contrário, quer dizer que "a relação que ele tem com toda a criação é a que o primeiro filho tem com os bens do seu pai" (Morris, 2003, p. 54).

Ladd (2003, p. 577-578) assegura que a palavra grega *prototokos* pode ter dois sentidos: "prioridade temporal ou soberania de posição". O primeiro sentido é o mais comum, pois significa "o primeiro filho", "o filho mais velho". O segundo sentido diz respeito à posição de importância. Nem sempre a Bíblia aplica a palavra *primogênito* ao filho mais velho – por exemplo, ao se referir a José (I Crônicas, 5: 1-2), a Davi (Salmos, 89: 27) e a Efraim (Jeremias, 31: 9). Como Paulo não menciona nada em relação à "geração do Filho preexistente", Ladd (2003, p. 578) conclui que ele está usando o segundo sentido, isto é, de posição de primogenitura: "Cristo é tanto o tutor como o agente da criação".

No trecho da Epístola aos Colossenses analisado (Colossense, 1: 15-20), vemos, mais precisamente no versículo 16, que Paulo exclui totalmente a ideia de que Jesus possa ser alguém criado, porque o autor diz que "nele [Jesus] foram criadas todas as coisas, nos céus e na terra, as visíveis e as invisíveis: Tronos, Soberanias, Principados, Autoridades, tudo foi criado por ele e para ele" (Colossenses, 1: 16). O texto é todo inclusivo, pois refere-se a lugar (céu e terra), a materialidade (visíveis e invisíveis) e a poder (tronos, soberanias, principados, autoridades), isto é, nada fica de fora. No fim desse trecho, percebemos que, se "tudo foi criado por ele [Jesus]", logicamente isso exclui ele mesmo.

Quanto ao sentido de *plenitude*, Marshall (2007, p. 325-326) argumenta que, quando Paulo atribui o termo a Cristo, ele o faz com o sentido de "totalidade dos atributos divinos", o que indica "todos os poderes e qualidades de Deus". Para Morris (2003, p. 55), nesse texto "Paulo está atribuindo a Cristo o lugar mais elevado que se pode imaginar". Portanto, o apóstolo deixa claro que acreditava em Jesus não apenas como o homem de Nazaré, mas como o Filho de Deus, o Todo-Poderoso.

Na Epístola aos Filipenses (2: 5-11), Paulo refere-se à encarnação e à exaltação de Jesus de maneira especial. Ladd (2003, p. 578) diz que essa é "ao mesmo tempo, uma das mais importantes e mais difíceis passagens de Paulo para se explicar".

> *Tende em vós o mesmo sentimento de Cristo Jesus: Ele tinha a* **condição divina***, e não considerou o* **ser igual a** *como algo a que se apegar ciosamente. Mas* **esvaziou-se** *a si mesmo, e assumiu a condição de servo, tomando a semelhança humana. E, achado em* **figura de homem***, humilhou-se e foi obediente até a morte, e morte de cruz! Por isso Deus o sobre-exaltou grandemente e o agraciou com o Nome que é sobre todo o nome, para que, ao nome de Jesus, se dobre todo joelho dos seres celestes, dos terrestres e dos que vivem sob a terra, e, para glória de Deus, o Pai, toda língua confesse: Jesus é o Senhor.* (Filipenses, 2: 5-11, grifo nosso)

Segundo Ladd (2001), as principais questões a respeito desse trecho são:

- **Condição divina (forma de Deus)** – "É a essência divina – deidade – ou é o modo da existência divina – a glória de Deus?" (Ladd, 2003, p. 578). Se for a essência divina, significa que **Jesus é Deus**, é igual a Deus. Se for o modo da existência divina, Cristo tem apenas um *status* privilegiado, mas não a plena igualdade com Deus. Morris (2003) argumenta que o conceito de condição divina (*forma de Deus*) não pode significar menos do que igualdade com Deus.
- **Igualdade com Deus (usurpação)** – Podemos entender o trecho *ser igual a Deus* como uma forma de usurpação. Para Ladd (2003, p. 578), esse termo, no sentido ativo, significa "apoderar-se de algo"; portanto, é improvável que seja aplicável aqui. No sentido passivo, refere-se "à coisa que foi apropriada". Nesse caso, há duas interpretações possíveis: "algo não possuído que é tomado [...]" ou "algo possuído que é segurado" (Ladd, 2003, p. 578). Na primeira interpretação, Cristo existe na forma e na glória de Deus e não há igualdade entre eles, mas Jesus não considera que isso seja algo a ser perseguido e obtido à força. Na segunda interpretação, Cristo também existe na forma e na glória de Deus, e é igual a Deus, mas não considera que essa igualdade seja algo do qual não possa abrir mão (Ladd, 2003, p. 579).
- **Esvaziamento** – Cristo esvazia-se da divindade ou da glória de Deus? Conforme Ladd (2003, p. 579), se *condição divina* significa *igualdade com Deus*, então Cristo se esvazia de sua essência divina? Ou ele, sendo Deus, despe-se da sua glória? Se Cristo é Deus, não é possível esvaziar-se de Deus, porque seria necessário que ele deixasse de ser ele próprio. Portanto, o sentido que cabe aqui é que Jesus esvazia-se voluntariamente da sua glória, isto é, abre mão de seus direitos de receber

o tratamento de Deus. A solução dessa dúvida parece ser a percepção de que o texto de Paulo não diz que Cristo esvaziou-se de alguma coisa ou da "condição divina", mas "esvaziou-se a si mesmo, e assumiu a "condição de servo" (Filipenses, 2: 7).

Além disso, Morris (2003, p. 53) observa que "essa declaração de inferiorização" de Jesus em seu processo de descida para a condição humana "tem implicações de divindade". O autor afirma ainda que "A morte, para nós, não é uma questão de escolha, mas de necessidade; para ele, foi resultado de obediência, e por isso mostra que há algo nele que é maior que seu caráter humano" (Morris, 2003, p. 53).

Na Segunda Epístola aos Coríntios, Paulo usa outra figura para referir-se à descida de Jesus, dizendo que ele "se fez pobre, embora fosse rico, para vos enriquecer com a sua pobreza" (II Coríntios, 8: 9). A interpretação tradicional diz que *rico* se refere à glória anterior à encarnação, enquanto que a expressão *se fez pobre* refere-se diretamente à encarnação e ao ministério terreno de Jesus. Pela pobreza de Cristo, os homens tiveram acesso à riqueza da glória de Deus. Marshall (2007, p. 255) propõe uma interpretação alternativa, dizendo que as riquezas de Cristo se referem ao "prazer da companhia de Deus e a sua completa submissão a vontade dele", e a pobreza refere-se à "morte degradante e humilhante na qual tudo foi tirado dele".

Voltando à Epístola aos Filipenses, mesmo que optemos por outro entendimento, a conclusão do *hino cristológico* não deixa dúvida: o Pai exalta Jesus à posição mais elevada, a do próprio Deus, para que Jesus seja adorado como Deus. O texto do Antigo Testamento por trás desse trecho de Filipenses (2: 10-11) está no livro de Isaías, que mostra claramente que Jesus tem o mesmo nome do Pai: "Eu juro por mim mesmo, o que sai da minha boca é justiça, uma palavra que não voltará atrás: Com efeito, diante de mim se dobrará todo o joelho, toda a língua jurará por mim" (Isaías, 45: 23).

1.4 Cristo na Epístola aos Hebreus

A Epístola aos Hebreus tem autoria desconhecida e foi escrita para uma comunidade cristã, provavelmente em Roma, com o objetivo de firmar, nas pessoas que a ela pertenciam, a fé em Jesus, da qual elas estavam se desviando por causa da perseguição romana.

A epístola começa com uma descrição impressionante de Jesus, discorre sobre a pessoa e a obra de Cristo e encerra com algumas recomendações aos fiéis, entre as quais há uma declaração grandiosa: "Jesus Cristo é o mesmo, ontem e hoje; ele o será para a eternidade" (Hebreus, 13: 8).

Por diversas vezes, o autor refere-se a Jesus como *Filho de Deus* ou simplesmente *Filho*. Também se refere a ele pelo seu nome humano (*Jesus*, isoladamente, nove vezes [Bíblia, 2002]) e pelo seu nome messiânico (*Cristo*, onze vezes [Bíblia, 2002]), o que poderia indicar uma preocupação maior com o Jesus histórico. O nome composto *Jesus Cristo* aparece poucas vezes, e *Senhor* é utilizado em passagens referentes ao ministério terreno de Jesus e ao Cristo exaltado[26].

Logo no início da epístola, o autor fala da preexistência de Jesus e da participação dele na criação: "Muitas vezes e de modos diversos falou Deus, outrora, aos Pais pelos profetas; agora, nestes dias que

---

26 Os números podem variar dependendo da versão da Bíblia consultada.

são os últimos, falou-nos por meio do Filho, a quem constituiu herdeiro de todas as coisas, e pelo qual fez os séculos" (Hebreus, 1: 1-2).

A epístola traz Cristo como a imagem de Deus: "É ele o resplendor da sua [de Deus] glória e a expressão do seu ser; sustenta o universo com o poder de sua palavra; e depois de ter realizado a purificação dos pecados, sentou-se nas alturas à direita da Majestade, tão superior aos anjos quanto o nome que herdou excede o deles" (Hebreus, 1: 1-4). O termo traduzido como *sustenta* (do verbo *sustentar*) é *pherō*, que, segundo Morris (2003, p. 365), "transmite a ideia de levar a criação adiante, talvez para o seu objetivo; é um conceito dinâmico", bem diferente da imagem estática de Atlas, deus da mitologia grega que sustentava o mundo sobre os seus ombros. Nessa impressionante introdução, o autor fala da preexistência, da revelação, da divindade, do poder criador, do poder sustentador e da obra expiatória de Cristo. Ao longo a epístola, ele vai desenvolver esses temas com mais minúcia.

A Epístola aos Hebreus tem autoria desconhecida e foi escrita para uma comunidade cristã, provavelmente em Roma, com o objetivo de firmar, nas pessoas que a ela pertenciam, a fé em Jesus, da qual elas estavam se desviando por causa da perseguição romana.

A superioridade de Cristo é confirmada pela epístola, tanto em relação a todos os anjos e a todas as criaturas celestes quanto a Moisés, assim como o seu sacerdócio é superior ao sacerdócio levítico. Morris (2003, p. 366) diz que o autor da Epístola aos Hebreus busca demonstrar que Cristo "foi grande o suficiente para se tornar humano para a nossa salvação". O autor declara, ainda, que a epístola "une a mais elevada cristologia possível à perspectiva mais realista possível da fraqueza da carne humana" (Morris, 2003, p. 366). Dessa forma, a epístola enfatiza tanto a humanidade quanto a divindade de Jesus.

Quanto à humanidade, o autor da epístola relata que Jesus, "nos dias da sua vida terrestre, apresentou pedidos e súplicas, com veemente clamor e lágrimas, àquele que o podia salvar da morte" (Hebreus, 5: 7), referindo-se claramente à agonia do Getsêmani.

A epístola relata trechos da vida terrena de Jesus, como: Jesus era da tribo de Judá (Hebreus, 7: 14); tinha a mesma natureza dos que ele veio salvar e era semelhante aos homens em todos os sentidos (Hebreus, 2: 14, 17); padeceu e aprendeu a obediência (Hebreus, 5: 7-8); foi aperfeiçoado pelo sofrimento e sofreu tentação (Hebreus, 2: 10, 18); porém não pecou (Hebreus, 4: 15); mas enfrentou os pecadores (Hebreus, 12: 3); foi morto fora das portas de Jerusalém (Hebreus, 13: 14); e sua morte foi real, como a de qualquer homem (Hebreus, 2: 14-18). Marshall (2007, p. 534) argumenta que o autor da epístola considerava claramente "parentesco e compaixão [de Jesus para] com a humanidade a qualificação indispensável para atuar como sumo sacerdote em sua intercessão e morte pelos homens".

Não há muito sobre a ressurreição de Jesus na epístola, mas ela menciona a ascensão (Hebreus, 4: 14), a glorificação (Hebreus, 2: 9), a posição de seu assento à direita de Deus (Hebreus, 1: 3, 13; 12: 2) e o sacerdócio eterno (Hebreus, 7: 24) de Cristo. Diz ainda que Jesus voltará para aqueles que o aguardam (Hebreus, 9: 28). Ladd (2001) diz que, mais do que qualquer outra epístola do Novo Testamento, a dos Hebreus enfatiza a plena humanidade de Jesus e sua tentação sem pecado como necessários para que ele "se identificasse com o seu povo, para que o entendesse e para que o ajudasse" (Ladd, 2001, p. 535).

Quanto à divindade, o autor da epístola chama Jesus de *Deus* atribuindo a ele características e realizações divinas relacionadas a propriedades e a ações presentes nos Salmos de Davi, como indicações escriturísticas da divindade de Jesus. Observemos algumas:

- **Hebreus, 1: 8-9**: "Ao Filho, porém, diz: O teu trono, ó Deus, é para os séculos dos séculos; o cetro da retidão é o cetro de sua realeza. E: Amaste a justiça e odiaste a iniquidade, por isso, ó Deus, te ungiu o teu Deus com o óleo da alegria como a nenhum dos teus companheiros". Esse trecho está relacionado a:
- **Salmos, 45: 8-9**: "Teu trono é de Deus, para sempre e eternamente! O cetro do teu reino é cetro de retidão! Amas a justiça e odeias a impiedade. Eis porque Deus, o teu Deus, te ungiu com o óleo da alegria, como a nenhum dos teus rivais [...]".
- **Hebreus, 1: 10-12**: "És tu, Senhor, que nas origens fundaste a terra; e os céus são obras de tuas mãos. Eles perecerão; tu, porém, permanecerás; todos hão de envelhecer como um vestido; e a todos enrolarás como um manto, e serão mudados [...]! Tu, porém, és sempre o mesmo, e os teus anos jamais terão fim". Esse trecho está relacionado a:
- **Salmos, 102: 26-28**: "Firmaste a terra há muito tempo, e o céu é obra de tuas mãos; eles perecem, mas tu permaneces, eles todos ficam gastos como a roupa, tu os mudarás como veste, eles ficarão mudados; mas tu existes, e teus anos jamais findarão!".

Outro modo de demonstrar a divindade de Cristo é aplicar a ele citações do Antigo Testamento nas quais Deus é chamado de *Senhor* (Hebreus, 7: 21; 8: 8,11; 10: 16) e falar de Cristo como igual ao Senhor:

- **Hebreus, 2: 3**: "como escaparemos nós, se negligenciarmos tão grande salvação? Esta começou a ser anunciada pelo Senhor. Depois, foi-nos fielmente transmitida pelos que a ouviram".
- **Hebreus, 7: 14**: "É bem conhecido, de fato, que nosso Senhor surgiu de Judá, tribo a respeito da qual Moisés nada diz quando se trata dos sacerdotes".

O autor da Epístola aos Hebreus refere-se diversas vezes a Jesus como *sacerdote* e como *sumo sacerdote* (Morris, 2003) e desenvolve o seu texto contrastando o sacerdócio de Arão com o sacerdócio de Cristo, sendo o primeiro uma alegoria da realidade apresentada pelo segundo. Isso acontece porque, em primeiro lugar, o sacerdócio de Arão é terreno e o de Cristo é celestial; em segundo lugar, porque a aliança que Deus fez com Moisés era imperfeita, e isso abriu lugar para uma nova aliança, conforme prometida a Jeremias (Jeremias, 31: 33).

Com base nesse paralelismo, o autor da epístola traça correspondências e diferenças entre os dois sacerdócios (Marshall, 2007). Jesus não é da linhagem de Arão, mas de uma mais elevada, a de Melquisedec (Hebreus, 5: 6, 10; 6: 20; 7: 1-17), um obscuro personagem do Antigo Testamento. O sacerdócio do Antigo Testamento não podia lidar com o problema central do pecado, por isso precisava ser repetido constantemente. Mas o sacerdócio de Cristo tem todas as qualificações para trazer os seres humanos à perfeição, pois, "com esta única oferenda [do seu próprio corpo], levou à perfeição, e para sempre, os que ele santifica" (Hebreus, 10: 14), e "onde existe a remissão dos pecados, já não se faz a oferenda por eles" (Hebreus, 10: 18). Jesus era, a um só tempo, o sumo sacerdote e o sacrifício oferecido a Deus (Hebreus, 7: 27; 9: 14). Ele foi escolhido por Deus e submetido a todas as tentações, por isso, "é capaz de salvar totalmente aqueles que, por meio dele, se aproximam de Deus" (Hebreus, 7: 25). Ladd (2001) observa que, para o autor da Epístola aos Hebreus, a morte de Jesus tem importância histórica e espiritual.

Apresentamos, a seguir, as três palavras indicadas por Ladd (2001) que descrevem o efetivo ministério de Cristo em favor dos crentes:

1. **Purificação** – Porque Cristo morreu pelos crentes, eles agora podem achegar-se ao santuário "de coração reto e cheios de fé, tendo o coração purificado de toda má consciência e o corpo lavado com água pura" (Hebreus, 10: 22).
2. **Santificação** – Cristo santificou os fiéis pela oferta de si mesmo a Deus, de "uma vez por todas" (Hebreus, 10: 10) e "por seu próprio sangue" (Hebreus, 13: 12). Ladd (2001, p. 538) argumenta que o termo *santificação* não tem o sentido de isenção de pecado, mas "de dedicação a Deus". A Epístola aos Hebreus resume toda a obra de Cristo em termos de perfeição, que não fora "atingida pelo sacerdócio levítico" (Hebreus, 7: 11) e, com uma "única oferenda, levou à perfeição, e para sempre, os que ele santifica" (Hebreus, 10: 14).
3. **Aperfeiçoamento** – Por fim, Ladd (2001, p. 538) afirma que a morte de Cristo "é eficiente não apenas para aqueles que vêm a crer nele, mas também para os santos do Antigo Testamento", visto que o sacrifício de Cristo é também um evento espiritual. Por isso, ele se tornou o "mediador de uma nova aliança. A sua morte aconteceu para o resgate das transgressões cometidas no regime da primeira aliança; e, por isso, aqueles que são chamados recebem a herança eterna que foi prometida" (Hebreus, 9: 15).

A referência final de cristologia explicita na Epístola aos Hebreus é: "Jesus Cristo é o mesmo, ontem e hoje; ele o será para a eternidade" (Hebreus, 13: 8). Nesse trecho, percebemos que o autor concede claramente a Jesus um atributo divino, o da **imutabilidade**. Embora os cristãos estivessem sofrendo e perdendo seus líderes por causa das perseguições promovidas pelo Império Romano, eles deveriam perseverar com firmeza, porque Jesus não muda. O autor já havia atribuído a Jesus a imutabilidade ao aplicar a ele as virtudes descritas no Salmo 102 (Salmos, 102: 26-28). Assim, o autor da Epístola aos Hebreus oferece à Igreja o próprio Senhor Jesus como fundamento, dizendo que ele jamais desampararia os seus fiéis porque ele é e será sempre o mesmo.

Síntese

Neste capítulo, observamos que Jesus Cristo é o centro de todo o Novo Testamento, e que os autores dessa parte da Bíblia se preocuparam em expor Jesus como ele era de fato, tanto em sua essência humana quanto em sua essência divina. Assim, os autores apresentam desde a compreensão que Jesus tinha de si mesmo até a interpretação que seus seguidores tiveram sobre ele.

Analisamos que cada autor, apesar de tratar da mesma pessoa, percebeu e demonstrou, de acordo com sua reflexão teológica, particularidades sobre a pessoa de Jesus.

Dessa maneira, destacamos que a cristologia ganha contornos com base na observação e na análise dos vários títulos atribuídos à pessoa de Jesus. Esses títulos apontam não só como Jesus era compreendido naquela época, mas também como ele pode ser compreendido nos dias de hoje.

Questões para revisão

1. Qual é a origem do título *Filho do Homem*?

2. Qual é o sentido do título *Senhor* atribuído a Jesus? Por que esse termo indica divindade?

3. Em que sentido o imaginário popular da época de Jesus estava relacionado à expectativa messiânica?
   a) Os judeus acreditavam que Deus enviaria seu filho para salvá-los.
   b) Os judeus esperavam um libertador político.
   c) Os judeus aguardavam alguém que tomasse o poder e reestabelecesse a nação soberana de Israel, como havia sido nos tempos de Davi e de Salomão.
   d) As alternativas "b" e "c" estão corretas.

4. Sobre o título *Filho de Deus*, assinale a afirmativa correta:
   a) Pode ser aplicado a qualquer pessoa.
   b) É atribuído ao Messias da descendência de Davi.
   c) Ninguém pode arrogá-lo para si.
   d) Nenhuma das alternativas anteriores está correta.

5. Aponte quais são as palavras que se referem ao ministério efetivo de Cristo na vida dos crentes, segundo Ladd (2001):
   a) Purificação.
   b) Santificação.
   c) Aperfeiçoamento.
   d) Todas as alternativas anteriores estão corretas.

Questões para reflexão

1. Explique, com suas palavras, o significado do termo *Messias*.

2. Explique a doutrina do esvaziamento de acordo com a Epístola aos Filipenses (2: 6-11).

3. Em suas palavras, explique o que significa o *Verbo* (*Logos*) em relação a Jesus.

capítulo dois

Soteriologia

02

Soteriologia é o estudo da doutrina da salvação (do grego *soteria*, "salvação", e *logia*, "estudo"). A **doutrina da salvação** abrange um problema e uma solução: o problema é o **pecado**, que leva à morte eterna; e a solução é o **perdão**, que concede a vida eterna.

A salvação é obra de Deus, que enviou seu filho para morrer em lugar dos pecadores. Da parte de Deus, a salvação envolve expiação, perdão, justificação, regeneração, redenção e reconciliação; da parte do ser humano, envolve conversão, arrependimento e fé.

Neste capítulo veremos como os evangelistas e Paulo trataram desse tema e que ênfase eles deram às palavras e às ações de Jesus no que tange à salvação.

2.1 A salvação nos Evangelhos Sinópticos

De acordo com o relato do Evangelho de Marcos, Cristo é indagado por um jovem rico sobre o que este deveria fazer para herdar a **vida eterna** (Marcos, 10: 17-22). Podemos depreender desse episódio que a salvação, para Cristo e para os seus seguidores, portanto, tem como finalidade conquistar a *vida eterna*. Mas algumas questões são intrínsecas a esse tema: A salvação é presente ou futura? Quais são as bênçãos da salvação? E por que é necessário um salvador?

A doutrina da salvação abrange um problema e uma solução: o problema é o pecado, que leva à morte eterna; e a solução é o perdão, que concede a vida eterna.

Inicialmente, devemos recordar o anúncio do nascimento de Jesus, quando o anjo do Senhor diz a José que o menino que Maria daria à luz deveria chamar-se "com o nome Jesus, pois ele salvará o seu povo dos seus pecados" (Mateus 1: 21). O significado literal do nome *Jesus* é "Javé é a salvação". Assim, a missão salvadora de Jesus já estava anunciada em seu nome.

Para entendermos como os Evangelhos Sinópticos apresentam a salvação e como as pessoas a compreenderam e reagiram a ela quando ela foi anunciada por Jesus em seu ministério terreno, devemos analisar esses evangelhos sob variadas perspectivas relacionadas à doutrina da salvação: a perdição; o arrependimento e a fé; o perdão; a justiça divina; a imortalidade e a comunhão com Deus; e a morte na cruz.

2.1.1 A perdição

Salvação também tem o sentido contrário ao de *perdição* (*estar perdido*). A missão de Jesus é buscar e salvar o perdido (Mateus, 10: 6; 15: 24; Lucas, 19: 10). *Estar perdido* é o mesmo que ser destruído, perecer, morrer. *Não ser salvo* é o mesmo que perder a vida (Marcos, 8: 35), e perder a vida é perder tudo (8: 36), pois significa que o indivíduo perdeu a própria alma (Lucas, 9: 25). A perdição é retratada nas seguintes palavras de Jesus, quando ele se refere àqueles que buscam pela salvação, mas não se esforçam para isso, comparando-os a pessoas que batem à porta: "Nunca vos conheci. **Apartai-vos de mim, vós que praticais a iniquidade**" (Mateus 7: 23, grifo do original); "Não sei de onde sois; **afastai-vos de mim, vós todos, que cometeis injustiça!**" (Lucas, 13: 27, grifo do original).

A perdição ocorre no presente e no futuro, e a salvação, também. Aquela significa morte eterna, e esta traz a vida eterna. Na casa de Zaqueu, Jesus diz: "Hoje a salvação entrou nesta casa [...]. Com efeito, o Filho do Homem veio **procurar** e salvar **o que estava perdido**" (Lucas 19: 10, grifo do original). Essa é a salvação presente, cujas bênçãos são usufruídas desde já e projetam-se até a eternidade.

2.1.2 O arrependimento e a fé

Conforme os textos bíblicos, para o fiel receber a salvação anunciada por Jesus é necessário que se arrependa e tenha fé. Essas são as primeiras exigências de Jesus registradas no Evangelho de Marcos (1: 15, grifo nosso): "Cumpriu-se o tempo e o Reino de Deus está próximo. **Arrependei-vos** e **credes** no evangelho". Segundo Ladd (2001, p. 37), "O arrependimento (*metanoia*) [...] significa simplesmente voltar-se (*shub*) do pecado para Deus". Arrepender-se, portanto, implica conversão, ou seja, deixar o passado de pecados e confiar em Cristo para a justiça e para o futuro. Morris (2003, p. 130) observa que isso pode ser algo consolidado hoje, mas "antes de Jesus não houve religião alguma que exigisse fé na divindade".

Em diversas situações, após curar alguém, Jesus disse: "a tua fé te salvou" (Mateus, 9: 22)[1]. Conforme as Sagradas Escrituras, assim como era necessário ter fé para receber a cura física, também é necessário crer em Jesus para receber a salvação. Morris (2003) argumenta que Marcos poderia ter usado a palavra *curou*, mas preferiu a palavra *salvou* para dar a entender que havia ocorrido uma salvação, com sentido mais amplo do que o de uma cura física.

Ladd (2001, p. 107) supõe que as curas e os milagres realizados por Jesus eram "apenas o aspecto externo da salvação espiritual". Esse autor afirma que "O elo de ligação [sic] entre a salvação física e o seu aspecto espiritual é ilustrado pela cura de dez leprosos", conforme relata Lucas (17: 14-19). Todos os dez foram curados, mas apenas um retornou para agradecer, a quem Jesus disse: "a tua fé te salvou" (Lucas 17: 19). Ladd (2001) concorda que o texto de Lucas indica que o homem que voltou a Jesus foi curado fisicamente e restaurado espiritualmente.

Já o caso da mulher pecadora na casa de Simão ilustra que a salvação é, ao mesmo tempo, espiritual e física. Nessa ocasião, Jesus disse a ela: "Teus pecados estão perdoados" (Lucas, 7: 48) e "Tua fé te salvou; vai em paz" (Lucas, 7: 50). Em todo o seu ministério, Jesus exortava os discípulos e as multidões a terem fé nele e em Deus e aprovava aqueles que assim agiam independentemente das circunstâncias.

---
1   Veja também: Marcos, 5: 34; 10: 52; Lucas, 7: 50; 8: 48; 17: 19; 18: 42.

2.1.3 O perdão

Um aspecto central da missão de Jesus é a sua reivindicação de poder para perdoar pecados. Um exemplo dessa característica está no Evangelho de Marcos, quando há o relato do conflito entre Jesus e os fariseus durante a cura de um paralítico em Cafarnaum, ao qual Jesus proclama antes mesmo de curá-lo: "Filho, os teus pecados estão perdoados" (Marcos, 2: 5). Os fariseus reagem indignados à ação de Jesus, acusando-o de blasfêmia, pois "Quem pode perdoar pecados a não ser Deus?" (Marcos, 2: 7).

Ladd (2001) observa que, de fato, a crença dos fariseus estava correta com base nos profetas e na tradição (Salmos, 103: 3; Isaías, 33: 24; 43: 25; Jeremias, 31: 31-34; Miqueias, 7: 18-20). O perdão de pecados era algo que só Deus poderia realizar e fora uma das bênçãos prometidas para a era messiânica. A única referência a *perdão de pecados* não atribuída a Deus está na profecia do servo sofredor, no livro de Isaías (53: 11-12), quando o profeta diz que ele "levou sobre si o pecado de muitos e pelos transgressores fez intercessão", mas os judeus não atribuíam essa menção ao Messias nem acreditavam que ele teria autoridade própria para perdoar pecados (Ladd, 2001). O espanto dos fariseus também é explicado porque eles criam que somente a prática da lei poderia tornar uma pessoa justa diante de Deus.

Para reforçar o ensino sobre o perdão, Jesus conta parábolas como a "do credor incompassivo", narrada em Mateus, 18: 23-35, e a do "filho pródigo", relatada em Lucas, 15: 11-32. Também condiciona o perdão de Deus ao perdão entre os humanos na oração do Pai Nosso (Mateus, 6: 9-15). Dessa maneira, Ladd (2001, p. 75) conclui que "O dom gratuito do perdão de Deus impõe sobre os homens a obrigação moral de um espírito perdoador".

2.1.4 A justiça divina

O perdão que vem de Jesus apresenta não uma nova doutrina, mas uma nova experiência e uma nova visão da justiça de Deus. Para os judeus, a justiça era um ato humano e consistia em obedecer à lei e em praticar atos de misericórdia. Jesus demonstra que a justiça é uma experiência e uma dádiva de Deus. Para experimentá-la, é necessário renunciar a uma "justiça autorrealizável" e desejar "tornar-se como as crianças, que nada têm e precisam receber tudo" (Ladd, 2001, p. 75). Isso é claramente demonstrado na "parábola do fariseu e do publicano", relatada no Evangelho de Lucas (18: 9-14), na qual o fariseu se sentia justo por causa de suas boas ações e o publicano apresentava-se como pecador, totalmente dependente do perdão e da misericórdia de Deus. Jesus conclui: "Eu vos digo que este último desceu para casa justificado, o outro não" (Lucas 18: 14); isto é, o publicano foi declarado justo diante de Deus não por seus próprios atos, mas por uma dádiva de Deus. Ladd (2001) observa que essa parábola contém a mesma doutrina de Paulo sobre a justificação, só que não menciona a cruz.

A justiça do Reino de Deus descrita no Sermão da Montanha também é apresentada como um dom de Deus: "Bem-aventurados os que têm fome e sede de justiça, porque serão saciados" (Mateus, 5: 6), ou seja, os que reconhecem a própria carência pessoal, "famintos e sedentos de estar em uma correta relação com Deus" (Ladd, 2001, p. 76), serão salvos.

2.1.5 A imortalidade e a comunhão com Deus

Segundo Ladd (2001, p. 70), a salvação refere-se "a uma benção ao mesmo tempo escatológica e presente". No sentido escatológico, *salvação* significa "salvar a sua (verdadeira) vida em contraste com perder sua vida física" (Ladd, 2001, p. 70). Ela também pode ser descrita como "entrada na vida (eterna) [...] ou no gozo do Senhor [...]" (Ladd, 2001, p. 70).

A salvação futura apresenta duas bênçãos: a imortalidade e a comunhão com Deus. Quanto à imortalidade, embora os evangelhos não falem muito da ressurreição dos crentes, passagens como a resposta de Jesus à dúvida dos saduceus sobre a lei do levirato[2] (Lucas, 20: 27-36) podem indicar que a vida eterna envolve o ser total e que, no Reino Deus, os seres humanos "são semelhantes aos anjos e são filhos de Deus, sendo filhos da ressurreição" (Lucas, 20: 36). A narrativa do juízo final no Evangelho de Mateus (25: 31-46) indica que "Os males da fraqueza física, da doença e da morte serão coisas inexistentes na vida do Reino de Deus" (Ladd, 2001, p. 70).

Quanto à comunhão com Deus, Jesus diz que são "bem-aventurados os **puros de coração**, porque verão a Deus" (Mateus, 5: 8, grifo do original) e serão convidados a alegrar-se "com o [...] senhor" (Mateus, 25: 21, 23). A perfeita comunhão com Deus é retratada por meio de cenas do cotidiano: a colheita juntada no celeiro (Mateus, 13: 30, 39; Marcos, 4: 29; Apocalipse, 15: 14); as ovelhas separadas dos bodes e abrigadas no aprisco seguro (Mateus, 25: 32); o banquete na presença do Senhor, no qual Jesus tomará vinho com seus discípulos (Marcos, 14: 25) e juntos comerão e beberão no Reino de Deus (Lucas, 22: 30). Segundo lemos nas Sagradas Escrituras, os salvos virão dos quatro cantos da terra para se assentarem junto com os santos do Antigo Testamento (Mateus, 8: 11-12; Lucas, 13: 29). Esse encontro futuro também é comparado a uma festa de

---

2 O *levirato* era um costume adotado nos tempos de Moisés segundo o qual todo homem era obrigado "a casar-se com a viúva de seu irmão quando este não deixava descendência masculina (o filho desse [novo] casamento era considerado descendente do falecido)" (Houaiss; Villar; Franco, 2009).

casamento em Mateus (22: 1-14; 25: 1-12). Ladd (2001, p. 70) diz que todas essas figuras representam "a restauração da comunhão entre Deus e o homem, [comunhão] que fora quebrada pelo pecado".

2.1.6 A morte na cruz

Por fim, é necessário analisarmos o papel da morte de Jesus na salvação anunciada pelos evangelhos. Todos os evangelhos dedicam uma grande atenção à semana da Paixão. A missão messiânica não estaria completa sem a morte expiatória, substitutiva e sacrificial de Jesus. Ele próprio prediz a sua morte em diversas ocasiões, especialmente no último ano de seu ministério terreno. O divisor de águas da pregação messiânica de Jesus se deu por ocasião da profissão de fé de Pedro, em Cesareia de Filipe (Mateus, 16: 16; Marcos, 8: 29; Lucas, 9: 20). Mateus (16: 21) registra que "A partir dessa época, Jesus começou a mostrar aos seus discípulos que era necessário que fosse a Jerusalém e sofresse muito por parte dos anciãos, dos chefes dos sacerdotes e dos escribas, e que fosse morto e ressurgisse ao terceiro dia".

A seguir, comentamos os quatro aspectos da morte física de Jesus conforme apresentados por Ladd (2001) e como ela se relaciona com a salvação dos seres humanos.

- **Expiação** – "Pois o Filho do Homem não veio para ser servido, mas para servir e dar a sua vida em resgate por muitos" (Marcos, 10: 45). Ladd (2001) destaca duas interpretações importantes relativas ao conceito de servir: primeiro, que a vida de um homem pode ser perdida e Jesus é aquele que dá a sua vida em resgate dos perdidos; segundo, a ideia de resgate que se aplica ao preço pago para redimir um escravo, para libertar um prisioneiro de guerra ou para libertar alguém de um compromisso. O fundo escriturário dessas interpretações está no livro de Isaías (53: 10), no qual está declarado que o servo dará a sua alma (ou vida) "como sacrifício pelo pecado". "O objetivo da missão de Jesus é dar a sua vida como um preço de resgate para que aqueles cujas vidas estavam perdidas pudessem ser recuperados" (Ladd, 2001, p. 177).

- **Substituição** – "dar a sua vida em resgate **por** muitos" (Marcos, 10: 45, grifo nosso). A preposição destacada (*por*) tem o sentido de "em lugar de" e, por isso, tem força de substituição, ou seja, Jesus diz que daria sua vida em lugar da (substituição) vida dos muitos que se encontram perdidos. "Indubitavelmente, a expiação contém uma ideia substitutiva, uma vez que algo é feito pelos muitos, algo que não poderiam fazer por si mesmos" (Vincet Taylor, citado por Ladd, 2001, p. 177).

- **Sacrifício** – Na última ceia, Jesus toma o vinho e diz: "pois isto [o liquido do cálice] é o meu sangue; o sangue da [nova] Aliança, que é derramado por muitos para remissão dos pecados" (Mateus, 26: 28). A **aliança** propagada por Jesus faz referência à antiga aliança do Sinai, quando sangue de animais foi aspergido sobre o altar e sobre o povo; mas, como observa Ladd (2001, p. 178), nessa aliança "não há menção do perdão dos pecados". A nova aliança efetuada por Cristo é o cumprimento do que foi prometido ao profeta Jeremias (31: 31, 34): "Eis que dias virão – oráculo de Iahweh – em que selarei com a casa de Israel (e com a casa de Judá) uma aliança nova. [...] porque vou perdoar sua culpa e não me lembrarei mais de seu pecado".

> Assim, a nova aliança é de perdão. O corpo e o sangue de Jesus evocam claramente a figura do seu sacrifício – seu sangue derramado se refere à morte sacrificial em resgate pelos pecados dos homens.
> - **Escatologia** – "Em verdade vos digo, já não beberei do fruto da videira até aquele dia em que beberei o vinho novo do Reino de Deus" (Marcos, 14: 25). A morte de Jesus não apenas trata o problema do pecado, mas reconcilia os homens com Deus e assegura a plena comunhão eterna entre ambos.

2.2 A salvação nos textos de Lucas

A salvação ocupa lugar especial nos textos de Lucas, que englobam o seu evangelho e o livro dos Atos dos Apóstolos. Em suas obras, o evangelista transparece que a morte de Cristo não foi um acidente, mas o cumprimento do plano de Deus, conforme profetizado no Antigo Testamento. Diferentemente dos outros dois autores dos Evangelhos Sinópticos (Marcos e Mateus), Lucas procura situar o relato da vida e da obra de Jesus na história de Roma e da Palestina. Ele é o único a registrar o decreto de César e o nome do governante da Síria (Lucas, 2: 1-2) como contemporâneos do nascimento de Jesus, demonstrando que até o ato de um imperador distante e o nascimento do menino em Belém cumpriam o propósito de Deus. Para ele, a fé cristã não é mística nem mítica, mas tem relação com a realidade (Morris, 2003). Morris (2003) argumenta que, para Lucas, tudo o que aconteceu antes de Cristo era de natureza preliminar e tudo o que aconteceu depois é consequência da sua vida e da sua obra. A "vida de Jesus na terra, sua vida, morte, ressurreição e ascensão são para Lucas o próprio centro da história [...] o eixo central em torno do qual todas as outras coisas giram" (Morris, 2003, p. 213).

Apenas Mateus e Lucas apresentam informações sobre o nascimento e a infância de Jesus. Morris (2003), referindo-se ao título do livro de Hans Conzelmann, *O meio do tempo*, afirma que, além da beleza, o que Lucas pretende é introduzir temas teológicos importantes. O objetivo de relatar o nascimento de João Batista, por exemplo, é mostrar que Deus estava preparando o caminho da salvação.

O anjo de Deus, ao anunciar ao sacerdote Zacarias que sua mulher, Isabel, daria à luz João Batista, declara que este "converterá muitos dos filhos de Israel ao Senhor, seu Deus. Ele caminhará à sua frente, com o espírito e o poder de **Elias, a fim de converter os corações dos pais aos filhos** e os rebeldes à prudência dos justos, para preparar ao Senhor um povo bem disposto" (Lucas, 1: 16-17, grifo do original). Quando João Batista nasceu, Zacarias louvou a Deus dizendo: "**Bendito seja o Senhor Deus de Israel**, porque visitou e **redimiu o seu povo**, e **suscitou**-nos uma **força** de salvação na casa de Davi, seu servo" (Lucas, 1: 68-69, grifo do original). Marshall (2007, p. 129) argumenta que, embora o hino de louvor de Zacarias possa parecer com os cânticos de vitória de Israel contra seus inimigos, o seu final dificilmente permite essa interpretação, pois Zacarias falou que João Batista seria o precursor chamado para ir "à frente **do Senhor, para preparar-lhe os caminhos**, para transmitir ao seu povo o conhecimento da salvação" (Lucas, 1: 76, grifo do original), indicando que a chegada da salvação e da libertação dos pecados estava à porta.

Jesus é anunciado pelo anjo do Senhor como o "Salvador, que é o Cristo-Senhor" (Lucas, 2: 11). Um homem chamado Simeão, que havia tido uma revelação de que não morreria antes de ver o Cristo, disse a Maria que Jesus "foi colocado para a queda e para o soerguimento de muitos em Israel" (Lucas, 2: 34).

Na primeira pregação de Jesus em Nazaré, ele declara que a sua missão é "proclamar um ano de graça do Senhor" (Lucas, 4: 19), querendo enfocar, com isso, que "O Espírito do Senhor [...] me ungiu para evangelizar os pobres; enviou-me para proclamar a remissão aos presos e aos cegos e a recuperação da vista, para restituir a liberdade aos oprimidos" (Lucas, 4: 18). Marshall (2007) sugere que essa pregação de Jesus poderia ser interpretada como o que se esperava, literalmente, de um Messias, mas Jesus logo esclareceu que seu ministério seria muito mais amplo e traria libertação espiritual. Diante disso, percebemos que a missão de Jesus é, portanto, buscar e salvar o perdido (Lucas, 19: 10). Tal missão aparece maravilhosamente descrita nas parábolas da ovelha perdida, da dracma perdida e do filho pródigo, no capítulo 15 do evangelho.

Essas parábolas são contadas por Jesus como respostas às críticas que os fariseus lhe fazem por ele receber e comer com pecadores (Lucas, 15: 1-2). Todas elas falam de algo valioso ou de alguém especial que se encontrava perdido e foi recuperado, o que provoca grande alegria às personagens envolvidas. Jesus diz que há alegria nos céus quando alguém se arrepende (Lucas, 15: 7, 10), mas essa alegria é "antecipada aqui na terra, na comunhão desfrutada à mesa entre Jesus e os pecadores arrependidos" (Ladd, 2001, p. 72).

Lucas dá especial importância à necessidade de arrependimento para que haja a salvação. Essa foi a pregação de João Batista (Lucas, 3: 3), que explica algumas atitudes que devem produzir "frutos dignos de arrependimento" (Lucas, 3: 8). Jesus também se apresenta como alguém que veio chamar os pecadores ao arrependimento (Lucas, 5: 32). Ele censura as pessoas de seu tempo porque elas não se arrependem e declara que o julgamento delas será mais rigoroso do que o de Tiro e de Sidônia (Lucas, 10: 13) e de Nínive (Lucas, 11: 32). Sobre o acidente de Siloé, Jesus diz: "Não, eu vos digo; todavia, se não vos arrependerdes, parecerei todos do mesmo modo. [...] Não, eu vos digo; mas, se não vos arrependerdes, parecerei todos de modo semelhante" (Lucas, 13: 3, 5). Conforme explica Marshall (2007, p. 135), Lucas enfatiza que o arrependimento deve ser sincero e vitalício, considerando, em seu texto, que Jesus adverte contra a desistência e o retrocesso (Lucas, 8: 13-15; 9: 57-62; 14: 25-35).

Morris (2003) diz que o Evangelho de Lucas, assim como os demais, foi organizado para ter a Paixão como o seu ápice. De acordo com a narrativa da viagem, Jesus e seu grupo de seguidores desciam a Jerusalém, deliberadamente a caminho da cruz (Lucas, 9: 51 a 19: 44). O autor observa que, embora Lucas narre a maioria dos acontecimentos ocorridos fora de Jerusalém, ele menciona o nome da cidade trinta e sete vezes[3] (mais do que todos os outros evangelhos somados), o que indica a grande importância que Lucas dá à cidade como palco dos acontecimentos relacionados à salvação e à Igreja.

O relato da Paixão feito por Lucas segue o mesmo roteiro dos outros evangelhos, mas ele acrescenta alguns detalhes, como a discussão entre os discípulos sobre quem seria o maior (Lucas, 22: 23); o desejo de Jesus de celebrar a Páscoa com seus discípulos (Lucas, 22: 15-18); as palavras de Jesus dirigidas a Pedro sobre a intenção de Satanás em prová-lo (Lucas, 22: 31-32); o anjo que fortaleceu Jesus no Getsêmani (Lucas, 22: 43-44); a declaração de Pilatos sobre a inocência de Jesus (Lucas, 23: 13-16); o diálogo de Jesus, na cruz, com o ladrão arrependido (Lucas, 23: 40-43), entre outros (Morris, 2003).

---

3 Esse número pode variar dependendo da versão da Bíblia consultada.

Mesmo que Lucas não se dedique muito a explicações em seu evangelho, ele apresenta algumas ênfases que indicam a ideia que ele tinha a respeito da salvação e que, de certa forma, ajudam a esclarecer a dúvidas em relação à importância que ele dá à crucificação e à ressurreição de Jesus e ao sentido que a cruz de Cristo traz à salvação.

Morris (2003) sugere que as referências que Lucas faz a *servo* (Atos, 3: 13, 26; 4: 27, 30) e a *justo* (Atos, 3: 14; 7: 52; 22: 14) sejam uma alusão a Isaías, como ocorre no relato de Filipe batizando um eunuco (Atos, 8: 26), que retoma o capítulo 53 do livro de Isaías. Morris (2003, p. 221) diz que Lucas deixa claro que esse trecho de Isaías se refere a Jesus, porque este cita o texto aplicado a si: "Pois eu vos digo, é preciso que se cumpra em mim o que está escrito: Ele foi contado entres os iníquos. Pois também o que me diz respeito tem um fim" (Lucas, 22: 37). Se for assim, Lucas deve ter tido uma boa noção a respeito do aspecto substitutivo da morte de Jesus.

Outra referência esclarecedora é a descrição da última ceia, narrada por todos os evangelistas, mas apresentada com detalhes por Lucas. Ele é o único a registrar a declaração de Jesus de que seu corpo "é dado por vós. Fazei isto em minha memória" (Lucas, 22: 19). No livro dos Atos dos Apóstolos, Lucas registra as significativas palavras de Paulo em relação à "Igreja de Deus, que ele [Deus] adquiriu para si pelo sangue do seu próprio Filho" (Atos, 20: 28). Para Morris (2003), há nessa passagem uma clara ideia de resgate, ou seja, a libertação de alguém do cativeiro, mediante um preço: o sangue do próprio Senhor.

Lucas refere-se algumas vezes à morte de Cristo num madeiro (Atos, 5: 30; 10: 39; 13: 29). Essa não é uma maneira usual de se referir à cruz, porque a palavra *madeiro* também pode significar outros objetos de madeira. Morris (2003, p. 227) sugere que a expressão despertava repulsa nos judeus porque Moisés havia dito

"Se um homem, culpado de um crime que merece a pena de morte, é morto e suspenso a uma árvore, seu cadáver não poderá permanecer na árvore à noite; tu o sepultarás no mesmo dia, pois o que for suspenso é um maldito de Deus" (Deuteronômio, 21: 22-23). Nesse sentido, muitos judeus não acreditaram em Jesus porque sua morte era uma forte evidência de que ele não fora aprovado por Deus e que estava sob maldição. Morris (2003) supõe que Lucas compreende que Cristo havia tomado para si a maldição de todos os homens, assim como declaram Paulo, na Epístola aos Gálatas (3: 13), e Pedro, na Primeira Epístola de São Pedro (2: 24).

Lucas apresenta diversas evidências de que entendia a morte de Cristo como expiatória e que ela é suficiente para remir os pecadores arrependidos e perdoar-lhes os pecados.

Por fim, Lucas apresenta diversas evidências de que entendia a morte de Cristo como expiatória e que ela é suficiente para remir os pecadores arrependidos e perdoar-lhes os pecados. Ele entende que a morte de Cristo não foi um acidente, mas o pleno cumprimento do propósito de Deus.

2.3 A salvação no Evangelho de João

O Evangelho de João contribui de forma especial para a doutrina da salvação. A seguir, vamos analisar a forma como a salvação é tratada por João sob a perspectiva dos seguintes conceitos relacionados a Cristo: pecado, crença, reconhecimento, morte, renascimento, eternidade, amor.

2.3.1 O pecado

João registra diversas vezes a palavra *pecado* (*hamartia*), o que indica que esse é um tema importante na teologia da salvação joanina (Morris, 2003). A palavra aparece pela primeira vez no evangelho na seguinte passagem: "Eis o Cordeiro de Deus, que tira o pecado do mundo" (João, 1: 29). Ao final do livro, João registra as palavras de Jesus sobre perdoar os pecados: "Aqueles a quem perdoardes os pecados ser-lhes-ão perdoados; aqueles aos quais retiverdes ser-lhes-ão retidos" (João, 20: 23). Na discussão entre Jesus e os fariseus, relatada por João no capítulo 8 do evangelho, Jesus declara que, "se não crerdes que EU SOU, morrereis em vossos pecados" (João, 8: 24).

Mais adiante, Jesus associa o pecado à escravidão, quando afirma que "quem comete o pecado é escravo" (João, 8: 34). No episódio da cura um cego de nascença, Jesus rejeita as ideias erradas sobre o pecado. Os discípulos, então, perguntam a ele: "Rabi, quem pecou, ele ou seus pais, para que nascesse cego? Jesus responde: 'Nem ele nem seus pais pecaram, mas é para que nele sejam manifestadas as obras de Deus'" (João, 9: 2-3). Com isso, ele refuta o ensino dos rabinos de que todo sofrimento é fruto do pecado. No final desse episódio, Jesus dá uma lição importante sobre o pecado, declarando que "Para um discernimento é que vim a este mundo: para que os que não veem, vejam, e os que veem, tornem-se cegos" (João, 9: 39) – nesse caso, a visão e a cegueira referem-se ao aspecto espiritual. Quando alguns fariseus que seguiam Jesus perguntaram-lhe se eles também eram cegos, Cristo respondeu: "Se fôsseis cegos, não teríeis pecado; mas dizeis: 'Nós vemos!' Vosso pecado permanece" (João, 9: 41). Com isso, Jesus evidencia que o pecado persiste naquele que declara "ver" (seguir os ensinamentos de Deus), mas comporta-se como um "cego", ou seja, age contra Deus (Morris, 2003). Jesus usa o mesmo tom quando diz aos seus discípulos no cenáculo: "Se eu não tivesse vindo e não lhes tivesse falado, não seriam culpados de pecado; mas agora não têm desculpa para o seu pecado" (João, 15: 22).

Em suma, percebemos que o pecado é manifestado pela resistência de reconhecer que Deus estava agindo em Cristo. Muitos religiosos da época resistiam a Jesus, mas não tinham ciência de seu pecado contra Deus. Por isso, Jesus diz que o Espírito Santo viria para convencer o mundo do pecado "porque não creem em mim" (João, 16: 9). Ressaltamos que João sempre menciona o pecado no singular, referindo-se "não tanto atos malignos individuais, mas o princípio que nos leva numa direção errada" (Morris, 2003, p. 336). Segundo João, foi por isso que Jesus veio ao mundo: "Eis o Cordeiro de Deus, que tira o pecado do mundo" (João, 1: 29).

2.3.2 A crença

Como já dissemos anteriormente, Jesus sempre ensina – e insiste nisso – que as pessoas devem ter fé para serem salvas; porém no Evangelho de João há uma ênfase muito maior na fé do que nos Evangelhos Sinópticos. João usa noventa e oito vezes o verbo *crer* (Morris, 2003), enquanto que, nos Sinóticos, somados, esse termo aparece apenas vinte vezes (Ladd, 2003)[4]. O texto de João desafia o leitor a crer no testemunho das Sagradas Escrituras (João, 2: 22), de Moisés (João, 5: 46) e nos seus próprios escritos (João, 5: 47), bem como a crer nas palavras de Jesus (João, 2: 22; 4: 50; 5: 47) e nas suas obras (João, 10: 38), o que significa dizer que se deve crer no próprio Jesus (João, 5: 38, 46; 6: 30; 8: 31, 45-46; 10: 37-38).

---

4   Os números podem variar dependendo da versão da Bíblia consultada.

No Evangelho de João, as ocorrências do verbo *crer* são quase sempre relacionadas a Jesus e é proferido tanto pelos seus discípulos quanto pelas pessoas que o seguiam – e, até mesmo, pelo próprio Jesus –, para declarar que ele é "o Santo de Deus" (João, 6: 69); que ele é "o Cristo, o Filho de Deus" (João, 11: 27); que Deus o enviou (João, 11: 42; 17: 8, 21; que ele é um com o Pai e o Pai é um com ele (João, 14: 10-11); que ele veio do Pai (João, 16: 27, 30); ou que ele simplesmente é o "EU SOU" (João, 8: 24; 13: 19). Para Ladd (2003, p. 397), "Tal fé na pessoa de Jesus é o caminho para a vida eterna, e é a razão mesma para que o Evangelho fosse escrito (20: 31)".

Por sua vez, segundo Ladd (2003, p. 396), a expressão *crer em Jesus* é uma criação cristã usada especialmente para definir o relacionamento e a identificação pessoal do crente com Jesus Cristo, uma vez que ela não ocorre no grego secular nem é tradução do hebraico. *Crer* significa, dessa forma, *receber a Cristo* (João, 1: 12; 5: 43; 13: 20), *receber o testemunho* (João, 3: 11) e *as palavras de Jesus* (João, 12: 48; 17: 8). *Crer em Jesus* é permanecer nele (João, 15: 4-17). *Crer em Jesus* é o mesmo que crer em Deus (João, 14: 1; 5: 24; 12: 44).

Crer em Cristo é, portanto,

> muito mais do que assentimento intelectual para com certos fatos, embora esse assentimento esteja incluído, ou para com a correção do credo doutrinário, embora inclua afirmações a respeito de Cristo. Significa a resposta do homem como um todo, à revelação que foi dada em Cristo. Envolve muito mais do que acreditar em Jesus ou ter confiança nele; é aceitar Jesus e aquilo que Ele reivindica ser, e a dedicação radical da vida à pessoa de Jesus. (Ladd, 2003, p. 397)

2.3.3 O reconhecimento

No Evangelho de João, em muitas referências a Jesus, o verbo *crer* é usado junto com o verbo *reconhecer*[5]. Por exemplo: em João, 17: 8, Jesus diz que os discípulos "as acolheram [as palavras do Pai] e **reconheceram** verdadeiramente que saí de junto de ti e **creram** que me enviaste" [grifo nosso]. Mais adiante, Jesus ora pela unidade dos discípulos para que o mundo creia (João, 17: 21) e reconheça (João, 17: 23) que ele foi enviado por Deus. Segundo Ladd (2003, p. 402), *crer* não é sinônimo de *conhecer*, mas "o conhecimento é a certeza à qual a fé conduz". Esse parece ser o sentido da profissão de fé (chamada por João de *confissão*) de Pedro: "e nós cremos e reconhecemos que tu és o Santo de Deus" (João, 6: 69). O conhecimento é resultado do discipulado: "Se permanecerdes na minha palavra, sereis verdadeiramente meus discípulos e conhecereis a verdade, e a verdade vos libertará" (João, 8: 31-32).

> *Como todo conhecimento começa com fé, da mesma forma permanece em fé. Semelhantemente, toda fé deve tornar-se conhecimento. Se todo conhecimento só pode ser um conhecimento de fé, a fé, de si mesma, transforma-se em conhecimento. O conhecimento, dessa forma, é um elemento constituinte da fé genuína.* (Bultmann, citado por Ladd, 2003, p. 403)

Substancialmente, no que se refere a reconhecimento, parece que ele está relacionado à fé de maneira singular, pois é na experiência da fé que ambos se unem, ou seja, ocorre o reconhecimento de que a fé é verdadeira porque foi provada, experimentada.

---

5 Dependendo da versão da Bíblia e dos versículos do Evangelho de João consultados, o verbo utilizado é *reconhecer* ou *conhecer*.

2.3.4 A morte

Como vimos anteriormente, no prólogo de seu evangelho, João define Jesus como "o Cordeiro de Deus, que tira o pecado do mundo" (João, 1: 29). É como se o apóstolo dissesse: "Tudo o que os cordeiros sacrificados diariamente deveriam fazer, mas não podem, este Cordeiro de Deus fará de uma vez por todas". Morris (2003, p. 326) observa que, em várias ocasiões, Jesus disse que a sua hora ainda não havia chegado (João, 2: 4; 7: 6, 8, 30; 8: 20), mas, ao se aproximar do momento da sua crucificação, ele reconhece que "É chegada a hora" (João, 12: 23[6]). Com isso, João dá a entender que a vida e o ministério de Jesus estavam se encaminhando para um *clímax* e que o propósito divino seria cumprido com a morte dele. Podemos perceber isso quando João descreve o incidente da purificação do templo de Jerusalém, logo no início do ministério público de Jesus, e relata o diálogo que se seguiu entre ele e os judeus do templo, quando Jesus afirma a eles que poderiam destruir o templo, pois ele o reconstruiria em apenas três dias (João, 2: 18-20). Segundo João, depois da ressurreição, os discípulos entenderam que Jesus estava se referindo ao templo do seu corpo (João, 2: 21-22), outra indicação de que, desde o começo, a morte de Jesus na cruz estava prevista.

No Evangelho de João também há referências a *ser levantado* (João, 3: 14; 8: 28; 12: 32-34), expressão com a qual o evangelista quer dizer "levantado na cruz", conforme fica claro na última referência citada: "'e, quando eu for levantado da terra, atrairei todos a mim'. Assim [Jesus] falava para indicar de que morte deveria de morrer" (João, 12: 32-33). Morris (2003) observa que essa palavra também foi usada por Pedro no livro dos Atos dos Apóstolos (Atos, 2: 33) e por Paulo na Epístola aos Filipenses (2: 9) para se referirem

---

6 Veja também João, 12: 27; 13: 1; 16: 32; 17: 1.

à exaltação de Jesus, e que "A mesma palavra que a Igreja antiga usou para se referir à exaltação de Jesus, João usa para a sua crucificação" (Morris, 2003, p. 327). Para esse autor, João entendia a crucificação de Jesus como a sua glória e a sua exaltação.

De acordo com a Bíblia (2002), a salvação de Jesus tem alcance universal, e João é o único autor do Novo Testamento a registrar Jesus como "o salvador do mundo" (João 4: 42;[7]). Com isso, o evangelista não quer dizer que todas as pessoas do mundo serão salvas, mas que a salvação está disponível a todas as pessoas do mundo. Morris (2003, p. 327) observa que a frase em registrada em João, 4: 42, foi dita pelos samaritanos recém-convertidos, o que tem significado especial, porque "eles foram os primeiros frutos da extensão da salvação para além dos judeus".

> João entende a morte de Cristo como o cumprimento do propósito de Deus. Em nenhum momento o apóstolo dá a entender que Jesus fracassou ou morreu acidentalmente, pelo contrário, João deixa claro que Cristo veio para dar a sua vida em favor dos pecadores.

Essa ideia aparece em diversas passagens do evangelho, quando João afirma que o filho foi enviado por Deus "para que o mundo seja salvo por ele" (João, 3: 17), ou quando Jesus declara ser o pão da vida eterna (João, 6: 51), ou, ainda, quando Jesus diz que tinha "outras ovelhas que não são deste redil: devo conduzi-las também; elas ouvirão a minha voz; então haverá um só rebanho, um só pastor" (João, 10: 15-16).

Quando Caifás diz que um só homem deveria morrer pela nação para que esta não se acabe (João, 11: 50), o evangelista entende que o sumo sacerdote estava profetizando que Jesus morreria "não só pela nação, mas também para congregar na unidade todos os filhos

---

7 Veja também I João, 4: 14.

de Deus dispersos" (João, 11: 52). Essa compreensão indica o caráter expiatório da morte de Jesus. Como este mesmo declara, em sua morte, "atrairei todos a mim" (João, 12: 32). Na oração sacerdotal que realiza na última ceia, Jesus diz que "pelo poder que [o Pai] lhe deste sobre toda carne, ele dê a vida eterna a todos os que lhe deste" (João, 17: 2). Todas essas referências mostram claramente que Jesus tinha consciência da sua missão universal e que João também a compreendeu (Morris, 2003).

Por fim, enfatizamos que João entende a morte de Cristo como o cumprimento do propósito de Deus. Em nenhum momento o apóstolo dá a entender que Jesus fracassou ou morreu acidentalmente, pelo contrário, João deixa claro que Cristo veio para dar a sua vida em favor dos pecadores.

João compartilha parte da narrativa da Paixão de Cristo com os Evangelhos Sinópticos, mas acrescenta detalhes peculiares a ela. Ele mostra Jesus indo ao encontro de seus perseguidores, por entender que havia chegado a hora do cumprimento das profecias a seu respeito. Ou seja, os soldados não caçam Jesus, ele é que se entrega:

> *Judas, então, levando a coorte e guardas destacados pelos chefes dos sacerdotes e pelos fariseus, aí chega [ao jardim próximo a Cedron], com lanternas, archotes e armas. Sabendo Jesus tudo o que lhe aconteceria, adiantou-se e lhes disse: "A quem procurais?" Responderam: "Jesus, o Nazareu". Disse-lhes: "Sou eu".* (João, 18: 3-5)

João também é o único evangelista a registrar as últimas palavras de Jesus, após beber o vinagre que os romanos que deram: "Está consumado" (João, 19: 30) – o que indica que Cristo sabia que a obra divina estava completa.

2.3.5 O renascimento

O tema do *renascimento* é introduzido por João sem maiores explicações no prólogo do seu evangelho, quando ele escreve que aqueles que foram feitos filhos de Deus "não nasceram do sangue, nem da vontade da carne, nem da vontade do homem, mas de Deus" (Bíblia. João, 1994, 1: 13).

No diálogo entre Jesus e Nicodemos, narrado apenas no Evangelho de João, o conceito de renascimento é desenvolvido da seguinte maneira: "Em verdade, em verdade te digo: quem não nascer da água e do Espírito não pode entrar no Reino de Deus" (João, 3: 5). Ao perceber a incerteza de Nicodemos diante dessas palavras, Jesus esclarece a natureza do novo nascimento, "visto como uma ação doadora de vida que só pode ser conferida de uma maneira espiritual, ou seja, pelo Espírito Santo, e não pode ser criada neste mundo" (Marshall, 2007, p. 431).

O renascimento, portanto, é condição essencial para o fiel entrar no Reino de Deus, mesmo continuando a viver neste mundo, de maneira semelhante ao nascimento natural, que é condição para a vida física: "O que nasceu da carne é carne, o que nasceu do Espírito é espírito. Não te admires de eu te haver dito: deveis nascer do alto" (João, 3: 6-7). O novo nascimento não segue nenhum poder natural ou humano, pois é obra do Espírito Santo: "O vento sopra onde quer e ouves o seu ruído, mas não sabes de onde vem nem para onde vai. Assim acontece com todo aquele nasceu do Espírito" (João, 3: 8).

Por fim, Jesus encerra o diálogo com Nicodemos discorrendo sobre a própria morte, por meio da qual os que nele creem recebem a vida eterna.

2.3.6 A eternidade

O conceito de **eternidade** apresentado no Evangelho de João é muito distinto daquele que aparece no Antigo Testamento, pois este está mais ligado a uma vida abençoada por Deus, à prosperidade e à longevidade. A única citação expressa de *vida eterna* no Antigo Testamento está no livro de Daniel (12: 2). O conceito mais próximo do que aparece no Novo Testamento somente surgiu entre os judeus no período intertestamentário, como prova a literatura apócrifa da época. Mesmo assim, nos Evangelhos Sinópticos há poucas referências à vida eterna: no episódio do jovem rico, quando este pergunta a Jesus o que deveria fazer para conseguir a vida eterna (Mateus, 19: 16; Marcos, 10: 17; Lucas, 18: 18) e quando Jesus declara que aqueles que deixaram tudo para segui-lo a conseguirão (Mateus, 19: 29; Marcos, 10: 30; Lucas, 18: 30), ambas no mesmo contexto; e quando um doutor da lei resolve pôr à prova os ensinamentos de Jesus (Lucas, 10: 25). Nessas ocasiões, o conceito de vida eterna é o de *vida na era vindoura*.

João, por sua vez, dá grande importância à vida eterna. Por diversas vezes, ele menciona os termos *vida* e *viver* ou, ainda, utiliza expressões que contenham alguma derivação desses termos (*tornar vivo*, por exemplo). No grego, que é considerado o idioma original em que João escreveu seus textos, há duas palavras para se referir à *vida* com sentidos diferentes: *bios* e *zōē*. A primeira (*bios*) é pouco usada no Novo Testamento e refere-se à vida temporal, terrena, biológica ou a um modo de vida; a segunda (*zōē*) é usada para se referir à vida como uma força vital e imortal. É esse último termo que João utiliza para se referir à vida (Ladd, 2001).

A expressão *vida eterna* também aparece em várias ocasiões em que João narra a vida e os ensinamentos de Jesus. Para isso, no original em grego, o apóstolo utiliza o adjetivo *aiōnios*, que qualifica algo como de duração interminável (Ladd, 2003, p. 376). Para Morris (2003, p. 322), *aiōnios* designa algo que "pertence a uma era (*aiōn*)", o que, em princípio, não especifica uma era especial, mas "na prática a palavra era uma referência à era vindoura. Como essa era é a culminação de tudo e não tem fim, a palavra significava 'eterna'". Pode ser que, por *vida eterna*, João "que dizer 'vida que combina com a era futura'", a qual "está presente já agora" (Morris, 2003, p. 322). Outra forma de analisar o sentido de vida eterna nos textos de João é verificar como ele usa o antônimo para ela: *morte* e *morte eterna*: quem escuta Jesus e crê naquele que o enviou "tem a vida eterna e não vem a julgamento, mas passou da morte à vida" (João, 5: 24) e quem guardar a sua palavra "jamais verá" e "jamais provará a morte" (João, 8: 51, 52)[8].

A vida eterna, para João, está associada ao Verbo (*Logos*): "O que foi feito nele era a vida" (João, 1: 4). A vida de Deus está em Cristo, pois, "Assim como o Pai tem a vida em si mesmo, também concedeu ao Filho ter a vida em si mesmo" (João, 5: 26). No prólogo do seu evangelho, João diz que "a vida era a luz dos homens" (João, 1: 4). Essa associação entre *vida* e *luz* é típica de João: "Eu sou a luz do mundo. Quem me segue não andará nas trevas, mas terá a **luz** da **vida**" (João, 8: 12, grifo nosso).

Dessa maneira, João deixa transparecer em seus textos que a vida eterna é, ao mesmo tempo, **presente** e **escatológica**. O objetivo do apóstolo não é falar da vida no futuro, mas levar aos crentes a experiência presente da vida futura. Assim como nos Evangelhos Sinópticos o Reino de Deus invade a era presente, em João a vida eterna se manifesta no presente na vida dos crentes. Jesus diz: "Em verdade, em verdade, vos digo: quem escuta a minha palavra

---

8   Veja também I João, 3: 14.

e crê naquele que me enviou tem a vida eterna e não vem a julgamento, mas passou da morte à vida" (João, 5: 24). O tempo presente, nesse sentido, é muito significativo: o cristão **tem** a vida eterna agora, completado pelo tempo passado, pois já **passou** da morte para vida. Jesus é aquele que veio para que os fiéis "tenham vida e a tenham em abundância" (João, 10: 10); que "desce do céu e dá vida ao mundo" (João, 6: 33); que satisfaz a fome e a sede espiritual (João, 6: 35). Para a mulher samaritana, por exemplo, ele se apresentou como aquele que dá a água viva, a qual se torna, naquele que a bebe, "uma fonte de água jorrando para a vida eterna" (João, 4: 14).

Entendemos assim que a vida eterna não é o melhoramento da vida humana, mas a concessão de uma nova vida – a vida de Cristo. Afinal, o objetivo da morte de Jesus é dar a vida eterna: "é necessário que seja levantado o Filho do Homem, a fim de que todo aquele que crer tenha nele vida eterna" (João, 3: 14-15). Esse propósito também aparece no versículo mais conhecido do Evangelho de João: "Pois Deus amou tanto o mundo que entregou o seu Filho único, para que todo o que nele crê não pereça, mas tenha vida eterna" (João, 3: 16).

De forma semelhante e complementar, entendemos que a vida eterna é também escatológica, conforme percebemos nas palavras de Jesus: "vem a hora em que todos os que repousam nos sepulcros ouvirão a sua voz e sairão; os que tiverem feito o bem, para uma ressurreição de vida; os que tiverem praticado o mal, para uma ressurreição de julgamento" (João, 5: 28-29); sobre os primeiros, diz ainda Jesus: "As minhas ovelhas escutam a minha voz, eu as conheço e elas me seguem; eu lhes dou a vida eterna e elas jamais perecerão, e ninguém as arrebatará de minha mão" (João, 10: 27-28), pois, como ele declara às irmãs de Lázaro, "'Eu sou a ressurreição. Quem crê em mim, ainda que morra, viverá.' E quem vive e crê em mim jamais morrerá" (João; 11: 25-26). Jesus promete ressuscitar os que creem: "quem vê o Filho e nele crê tem a vida eterna, e eu o ressuscitarei no último dia" (João, 6: 40, 54) e "Quem come a minha carne e bebe o meu sangue tem vida eterna, e eu o ressuscitarei no último dia" (João, 6: 54) – ou seja, a presença da vida de Cristo é a garantia da ressurreição para a eternidade.

Finalmente, João registra as palavras solenes de Jesus sobre as condições para que o fiel conquiste a vida eterna: "Quem ama sua vida a perde e quem odeia a sua vida neste mundo guardá-la-á para a vida eterna" (João, 12: 25). Ladd argumenta que essas palavras guardam semelhança com algumas ditas nos Evangelhos Sinópticos – Mateus, 10: 39; 16: 25; Marcos, 8: 35; Lucas, 9: 24; 17: 33 –, mas marcam de modo mais claro a "estrutura antitética das duas eras" (Ladd, 2003, p. 378), a presente e a futura.

2.3.7 O amor

Esta é uma categoria muito importante na literatura joanina. O mais conhecido versículo do Evangelho de João anuncia: "Pois Deus **amou** tanto o mundo, que entregou o seu Filho único, para que todo o que nele crê não pereça, mas tenha vida eterna" (João, 3: 16, grifo nosso). Trata-se de um amor intenso derramado por Deus sobre todos de forma indistinta, isto é, independentemente de mérito. É um amor que custou o mais alto preço: a vida do seu único filho.

Antes de ocorrer a última ceia, João relata que Jesus sabia "que chegara a sua hora de passar deste mundo para o Pai, tendo amado os seus que estavam no mundo, amou-os até o fim" (João, 13: 1). A expressão *até o fim* também pode significar "ao extremo", que combina com o que Jesus disse mais adiante: "Ninguém tem maior amor do que aquele que dá a vida por seus amigos" (João, 15: 13).

No discurso que faz aos seus discípulos durante a última ceia, Jesus estabelece o amor como a marca de seus seguidores: "Dou-vos um mandamento novo: que vos ameis uns aos outros. Como eu vos amei, amai-vos também uns aos outros" (João, 13: 34). O relacionamento de amor entre ele e os discípulos é definido pela obediência destes à palavra e aos mandamentos de Jesus (João, 14: 15, 21-24). Em uma belíssima argumentação, Jesus compara-se à verdadeira videira, cujos ramos são os discípulos, e pede a eles que mantenham o amor entre si: "Assim como o Pai me amou também eu vos amei. Permanecei em meu amor" (João, 15: 9); a seguir, Jesus renova o mandamento do amor mútuo: "amai-vos uns aos outros como eu vos amei. [...] Isto vos mando: amai-vos uns aos outros" (João, 15: 12, 17). Mais adiante, ao discorrer sobre o Espírito Santo, Jesus diz aos discípulos que "o próprio Pai vos ama" (João, 16: 27).

Ainda na última ceia, quando realiza a oração sacerdotal, Jesus diz, sobre os discípulos, ao Pai: "[tu] os amaste como amaste a mim" (João, 17: 23) e ora para que o vínculo do amor entre todos eles seja mantido (João, 17: 26).

O evangelho termina com uma pergunta que Jesus já ressuscitado faz a Pedro, que o havia negado por três vezes, pela qual o apóstolo é restaurado à comunhão com Cristo: "Simão, filho de João, tu me amas mais do que estes [os outros discípulos]?" (João, 21: 15-17). Morris (2003, p. 334) argumenta que, ao tratar dessa forma com Pedro, Jesus não pergunta a ele sobre sua capacidade de liderar a Igreja ou sobre sua coragem, mas tão somente sobre o amor que o apóstolo lhe sentia, afinal, "Não há nada mais importante na vida cristã do que o amor".

2.4 A salvação nas epístolas de Paulo

A conversão de Paulo é uma das mais espetaculares experiências registradas na Bíblia. Ela aconteceu no caminho para Damasco e resultou em uma transformação profunda. Jesus encontra Saulo, o fariseu, chama-o pelo nome e pergunta: "Saul[9], Saul, por que me persegues?" (Atos, 9: 4). Ao se deparar com a luz e ouvir a voz, Saulo responde com uma pergunta: "Quem és, Senhor?" (Atos, 9: 5). A resposta é direta: "Eu sou Jesus, a quem tu estás perseguindo" (Atos, 9: 5). A seguir, Jesus diz a Saulo que entre na cidade que lá ele receberá instruções sobre como proceder. Saulo então se levanta e segue para Damasco, onde é procurado pelo discípulo Ananias (Atos, 9: 6-10). A partir daí, começa a história do maior missionário cristão entre os gentios, conforme registrado no restante do livro dos Atos dos Apóstolos e nas epístolas escritas por Paulo.

A conversão de Paulo é o pano de fundo da sua teologia da salvação. Ele compreende que, se Jesus teve de vir ao mundo para realizar a salvação, é porque a situação dos seres humanos era realmente grave e que nenhum homem poderia realizá-la (Morris, 2003). Somente alguém da estatura de Cristo, o Filho de Deus, poderia salvar a humanidade do pecado.

Pelos registros bíblicos, sabe-se que Paulo era um religioso exemplar, "circuncidado ao oitavo dia, da raça de Israel, da tribo de Benjamim, hebreu filho de hebreus; quanto à Lei, fariseu" (Filipenses 3: 5) e que, por zelo da fé judaica, chegou a perseguir a Igreja (Filipenses, 3: 6; Atos, 7: 58; 8: 1-3; 9: 1, 21; 22: 4; 26: 11; I Coríntios, 15: 9; Gálatas, 1: 13). A afirmação de Jesus para Paulo é

---

9   A Bíblia de Jerusalém (2002) usa a forma *Saul* em algumas passagens.

bem elucidativa: "É duro para ti recalcitrar contra o aguilhão" (Atos, 26: 14). Essa expressão proverbial – baseada na cena de animais que dão coices contra o ferrão do boiadeiro – indica que Paulo estava lutando contra as evidências da fé cristã e que a fúria que tinha contra os cristãos era uma espécie de reação contra algo que ele não estava conseguindo mais enfrentar internamente.

A exemplo do que fizemos com João, vamos analisar, a seguir, a forma como a salvação é tratada por Paulo sob a perspectiva dos seguintes conceitos relacionados a Cristo: carne, pecaminosidade, pecado, morte, ira de Deus, julgamento, cruz, ressurreição, libertação, vida eterna, justificação, redenção, amor e graça.

2.4.1 A carne

Um conceito importante que transparece nos textos paulinos é o de **carne**, que, de acordo com o contexto, apresenta diferentes significados, conforme analisamos a seguir:

- **Humanidade** – Significa o povo, os seres humanos. São exemplos desse significado: "**derramarei do meu Espírito sobre toda carne**" (Atos, 2: 17, grifo do original); "a carne e o sangue não podem herdar o Reino de Deus" (I Coríntios, 15: 50).[10]
- **Corpo físico** – Refere-se à carne humana mesmo. É o oposto de *espírito* ou de *alma*, isto é, o material *versus* o imaterial. São exemplos de passagens com esse sentido: "nascido da estirpe de Davi segundo a carne" (Romanos, 1: 3); "não consultei carne nem sangue" (Gálatas, 1: 16); "Pois o nosso combate

---

10 Além dessas passagens dos textos de Paulo, trechos de outros autores do Novo Testamento também utilizam o termo *carne* com esse significado. Veja Lucas, 6: 3 e I Pedro 1: 24.

não é contra o sangue nem contra a carne" (Efésios, 6: 12); "Ele foi manifestado na carne" (I Timóteo, 3: 16).[11]

2.4.2 A pecaminosidade

Pecaminosidade refere-se à natureza pecaminosa do homem, com suas paixões e fragilidades físicas e morais, ou seja, a tendência natural que o ser humano tem de afastar-se da influência divina e, portanto, inclinar-se ao pecado e opor-se a Deus; o governo da natureza humana sem o espírito de Deus (Efésios, 2: 1-3; Colossenses, 2: 23). A compreensão da pecaminosidade está ligada ao conceito da carne com o significado de *corpo físico*, que vimos anteriormente.

Com base em seu significado literal, o conceito de pecaminosidade evoluiu para "oposição" e "resistência" a Deus. Por isso, Paulo fala das paixões pecaminosas que atuam na carne humana (Romanos, 7: 5), da "carne semelhante à do pecado" (Romanos, 8: 3) e da mente carnal (Colossenses, 2: 18). Morris (2003) observa que *carne* não indica apenas os pecados de natureza sensual. A lista de aspirações da carne apresentada na Epístola aos Gálatas aponta uma categoria de pecados que incluem "fornicação, impureza, libertinagem, idolatria, feitiçaria, ódio, rixas, ciúmes, ira, discussões, discórdia, divisões, invejas, bebedeiras, orgias e coisas semelhantes a estas" (Gálatas, 5: 19-21).

Em contraste a essas perversões, Paulo diz que aqueles que creem em Cristo foram libertos da natureza da carne por causa da obra de salvação e, agora, não vivem mais segundo a carne (Romanos, 8: 9; Colossenses, 2: 11), "mas segundo o espírito" (Romanos, 8: 4). Para esses, Cristo é a vida (Colossenses, 3: 4).

---

11   Outros autores do Novo Testamento que utilizam o termo *carne* com esse significado: Lucas, 24: 39; João, 1: 14; Hebreus, 5: 7; 12: 9; I Pedro, 1: 24; 4: 1-2.

2.4.3 O pecado

A teologia da salvação de Paulo afirma claramente que todos os homens caíram em condenação por causa de seus pecados contra Deus e que somente Cristo, por meio da sua morte e da sua ressurreição, tem poder para salvar a humanidade. Porém, antes de falarmos sobre a salvação, é necessário falarmos do estado decaído do ser humano.

Paulo trata o pecado seriamente e apresenta um conceito complexo para ele. Segundo Morris (2003), Paulo menciona *pecado* diversas vezes, sendo que a maioria delas ocorre na Epístola aos Romanos – e poucas em todas as outras epístolas juntas. Ele se refere a *pecado* (no singular) na maior parte das vezes, mas também menciona *pecados* (no plural). Para Morris (2003), Paulo crê que o pecado não é só um mal que o homem pratica, mas um poder que domina ou uma lei que vigora nos seus membros (Romanos, 7: 23), ou seja, Paulo apresenta o pecado como um senhor que aprisiona e exige obediência (Romanos, 6: 17, 20; 7: 14, 23).

2.4.4 A morte

De acordo com Morris (2003), Paulo apresenta um conceito próprio de morte como consequência do pecado. O pecado, como senhor, paga um salário aos seus escravos, que é a morte (Romanos, 6: 23). Paulo diz que "O aguilhão da morte é o pecado" (I Coríntios, 15: 56). Percebemos, assim, que *pecado* e *morte* estão diretamente associados: "Deus [...] declara dignos de morte os que praticam semelhantes ações [pecados]" (Romanos, 1: 32), ou seja, "o pecado efetua a morte em nós" (Morris, 2003, p. 75). A morte é o último inimigo a ser vencido (I Coríntios, 15: 26), mas, como observa Morris (2003,

p. 75, grifo do original), "é o último **inimigo**, não o último **vencedor**; seu fim é a derrota". Para esse autor, essa é a esperança cristã (Morris, 2003).

2.4.5 A ira de Deus

Conforme os escritos bíblicos, o estado de pecado da humanidade despertou a ira de Deus. Esta, porém, não deve ser entendida de modo semelhante à ira humana, vingativa e sem controle nem conhecimento dos fatos. A ira de Deus é a sua justa reação contra todo tipo de mal, é a outra face do seu amor. Para Paulo, Deus não é neutro nem poderia sê-lo, pois ele é justo e santo e está agindo contra o pecado, a fim de eliminá-lo.

Paulo diz que a ira de Deus "Manifesta-se [...] do alto do céu, contra toda impiedade e injustiça dos homens" (Romanos, 1: 18). Morris (2003, p. 76) observa que a ira divina "'se revela', não resultado da observação humana, e que se volta contra 'todas' as formas de maldade". Paulo fala da ira de Deus no tempo presente e também com o sentido escatológico, ou seja, a ira vindoura, como na Primeira Epístola aos Tessalonicenses (1: 10). Para o apóstolo, "vem a ira de Deus sobre os desobedientes" (Efésios, 5: 6)[12], ou seja, ela alcançará a todos os que praticam o pecado no "dia da ira e da revelação da justa sentença de Deus" (Romanos, 2: 5).

Morris (2003, p. 76) argumenta que os escritos paulinos asseguram que "Deus não está passivo diante do pecado, mas se opõe vigorosamente a ele", e cita como exemplos as passagens em que Paulo diz que as pessoas estão alheias à vida de Deus (Efésios, 4: 18; Colossenses, 1: 21) e são inimigas de Deus (Romanos, 5: 10; Filipenses, 3: 18; Colossenses, 1: 21).

---

12   Veja também Colossenses, 3: 6.

2.4.6 O julgamento

De acordo com a Bíblia (2002), a ira divina será executada em um julgamento que envolverá a todos: os vivos e os mortos, de todos os tempos (II Timóteo, 4: 1). Em certo sentido, esse julgamento já está em andamento, mas se consumará no "dia da ira" (Romanos, 2: 5). Não será um julgamento parcial, pois "Deus [...] julgará, por Cristo Jesus, as ações ocultas dos homens" (Romanos, 2: 16) e "porá às claras o que está oculto nas trevas e manifestará os desígnios dos corações" (I Coríntios, 4: 5). É um aspecto importante em Paulo a afirmação de que todos, cristãos ou não, serão julgados; os cristãos, quanto às suas obras, e os não cristãos, quanto à sua fé em Cristo.

Morris (2003, p. 77) observa que, apesar de Paulo enfatizar que a salvação será dada completamente pela graça, o juízo de Deus será "de acordo com as ações cometidas" e "do que [cada um] tiver feito durante a sua vida no corpo, seja para o bem, seja para o mal" (II Coríntios, 5: 10).

A base da salvação é Cristo, e cada um edifica suas ações sobre esse fundamento. Mas, no dia do juízo, a obra de cada um será testada pelo fogo (I Coríntios, 3: 11-15). Morris (2003, p. 77) diz que, em resumo, "Está em harmonia com as evidências afirmar que a salvação depende do fundamento, da obra salvadora de Cristo. Se temos Cristo por fundamento, estamos salvos. Mas nosso julgamento (e nossa recompensa no céu) depende do que construímos, do que investimos na vida cristã".

2.4.7 A cruz

A cruz de Cristo ocupa lugar central na pregação paulina (I Coríntios, 1: 23; 2: 2; Gálatas, 3: 1). Morris (2003, p. 80) observa que, exceto a Epístola aos Hebreus, o evangelho pregado por Paulo é aquele que dá maior relevância à cruz no Novo Testamento. E a salvação está centrada na morte expiatória de Cristo.

Para Paulo, Cristo teve a morte destinada aos pecadores – a crucificação –, vista pelo apóstolo no sentido de *livramento da ira de Deus (julgamento)*: "um só morreu por todos e [...], por conseguinte, todos morreram" (II Coríntios, 5: 14). Em seguida, Paulo diz que "aquele que não conhecera o pecado, Deus o fez pecado por causa de nós, a fim de que, por ele, nos tornemos justiça de Deus" (II Coríntios, 5: 21). Dessa forma, Cristo assumiu a condenação dos pecadores, e os pecadores receberam a sua justiça.

Na Epístola aos Gálatas, Paulo diz que "Cristo nos remiu da maldição da Lei tornando-se maldição por nós, porque está escrito: Maldito todo aquele que é suspenso no madeiro" (Gálatas, 3: 13). Com isso, o apóstolo evidencia que Cristo removeu a maldição da humanidade e forneceu uma base de justiça para Deus perdoar os homens.

De acordo com o apóstolo, os pecadores se encontram em situação terrível perante a justiça de Deus, escravizados sob o jugo do pecado, destinados à morte e réus da ira e do juízo de Deus. Em resposta, ele apresenta a cruz de Cristo como provisão de Deus para perdoar, justificar, santificar e transformar os que se arrependem e confessam a Cristo como Senhor. Mas, para entendermos como a cruz resolve o problema do pecado, devemos analisar os próximos itens.

2.4.8 A ressurreição

A obra de Cristo não estaria completa se ele não houvesse ressuscitado (Romanos, 6: 4, 9; 8: 11; I Coríntios, 15: 12-15; Efésios, 1: 20; Colossenses, 2: 12) e se assentado à direita de Deus (Efésios, 1: 20-21; Filipenses, 2: 9; Colossenses, 3: 1).

Para Morris (2003, p. 81), Paulo concebe que a morte e a ressurreição de Jesus "andam juntas e formam um só ato divino de poder" para a expiação da culpa dos pecadores. Portanto, podemos depreender da leitura de Paulo que a morte de Cristo não é, de forma alguma, uma derrota, pois "ela foi o meio pelo qual Deus triunfou sobre toda forma de mal" (Morris, 2003, p. 81). Paulo diz que Jesus "**foi entregue pelas nossas faltas** e ressuscitado para a nossa justificação" (Romanos, 4: 25, grifo do original).

2.4.9 A libertação

Na Epístola aos Romanos, Paulo trata da **vitória sobre o pecado**. O apóstolo escreve "que morremos para o pecado" (Romanos, 6: 2), pois "nosso velho homem foi crucificado com ele para que fosse destruído este corpo de pecado, e assim não sirvamos mais ao pecado. Com efeito, quem morreu, ficou livre do pecado" (Romanos, 6: 6-7).

Com base na morte e na ressurreição de Cristo, os homens podem se considerar "mortos para o pecado e vivos para Deus em Cristo Jesus" (Romanos, 6: 11). Mais adiante, Paulo revela a libertação dos homens do poder do pecado, quando diz que "o pecado não os dominará, porque não estais debaixo da Lei, mas sob a graça" (Romanos, 6: 14).

Assim, compreendemos como a cruz é importante para a expiação dos pecados dos homens, pois ela deu a vitória sobre a carne, segundo Paulo: "os que são de Cristo Jesus crucificaram a carne com as suas paixões e seus desejos" (Gálatas, 5: 24) e, por isso, não estão mais na carne, "mas no espírito" (Romanos, 8: 9). Mesmo assim, Paulo adverte aos homens: "se viverdes segundo a carne, morrereis, mas, se pelo Espírito fizerdes morrer as obras do corpo, vivereis"

(Romanos, 8:13)[13], e ordena que eles se purifiquem "de toda mancha da carne e do espírito" (II Coríntios, 7: 1).

2.4.10 A vida eterna

A ressurreição de Jesus é a garantia da vitória sobre a **morte** e a esperança da **vida eterna**: "E se o Espírito daquele que ressuscitou Jesus dentre os mortos habita em vós, aquele que ressuscitou Cristo Jesus dentre os mortos dará vida também a vossos corpos mortais, mediante o seu Espírito que habita em vós" (Romanos, 8: 11).

Paulo proclama alegremente: "**A morte foi absorvida na vitória. Morte, onde está a tua vitória? Morte, onde está o teu aguilhão?** O aguilhão da morte é o pecado e a força do pecado é a Lei. Graças se rendam a Deus, que nos dá a vitória por nosso Senhor Jesus Cristo!" (I Coríntios, 15: 54-57, grifo do original). O fato de Cristo, sem pecado e voluntariamente, perante a justiça de Deus, substituir todos os pecadores permite que estes participem da justiça de Cristo. Diante de Deus, os pecadores arrependidos morreram com Cristo (Romanos, 8: 6), ressuscitaram com Cristo (Colossenses, 3: 1) e reinarão com Cristo (Romanos, 5: 17). Em Cristo, os fiéis são "mais que vencedores" (Romanos, 8: 37).

Se os cristãos foram identificados com Cristo, diz Paulo, eles estão salvos da **ira de Deus** (Romanos, 5: 9), pois "não nos destinou Deus para a ira, mas sim para alcançarmos a salvação, por nosso Senhor Jesus Cristo" (I Tessalonicenses, 5: 9). Isso não significa que Deus tolera o pecado e cessa a sua ira, mas que a ira de Deus contra o pecado foi descarregada em Jesus, e todo aquele que se

---

13 Veja também Romanos, 13: 14; Colossenses, 3: 5.

arrepende e crê em Cristo é salvo da ira. Mas aquele que não crê no Filho de Deus permanece sob a ira de Deus, porque este não tolerará o pecado não expiado.

Se o indivíduo aceitar que os pecados já foram totalmente julgados em Cristo estará salvo, uma vez que "não existe mais condenação para aqueles que estão em Cristo Jesus" (Romanos, 8: 1), pois uma penalidade não pode ser aplicada duas vezes ao mesmo pecado. Se a ira de Deus foi descarregada em Jesus, os pecados da humanidade, imputados a ele, já foram julgados. Por isso, a morte de Cristo liberta do pecado, da carne e do diabo, além de poupar o indivíduo da ira e do julgamento de Deus.

2.4.11 A justificação

Em sua compreensão acerca da doutrina da salvação, Paulo usa muitas vezes a palavra *justificação* no sentido legal, especialmente na Epístola aos Romanos e na Epístola aos Gálatas. O sentido dessa palavra é prolífico. No Antigo Testamento, Moisés instruiu os juízes do povo a justificarem o justo e a condenarem o ímpio (Deuteronômio, 25: 1). Nas instruções que recebeu quando estava no Sinai, o próprio Deus diz a ele: "não matarás o inocente e o justo, e não justificarás o culpado" (Êxodo, 23: 7). No livro dos Provérbios, se diz "Absolver o ímpio e condenar o justo: ambas as coisas são abominação para Iahweh" (Provérbios, 17: 15). Portanto, se Paulo diz que todos pecaram (Romanos, 3: 23), que todos serão julgados (II Coríntios, 5: 10) e que Deus é um juiz justo (II Timóteo, 4: 8), como o pecador pode escapar da condenação diante de Deus?

A resposta, segundo o Paulo, está no sacrifício de Cristo, pois, de acordo com o apóstolo, todos "são justificados gratuitamente, por sua [de Deus] graça, em virtude da redenção realizada em Cristo

Jesus" (Romanos, 3: 24[14]) e "justificados por seu sangue" (Romanos, 5: 9). Paulo escreve aos judeus de Antioquia da Pisídia que, "de todas as coisas das quais não pudestes obter a justificação pela lei de Moisés, por ele [Cristo] é justificado todo aquele que crê" (Atos, 13: 38-39). O apóstolo demonstra que é impossível ao indivíduo ser justificado pela obediência à lei, "pois da Lei vem só o conhecimento do pecado" (Romanos, 3: 20), mas, "pela fé em Jesus Cristo" (Gálatas, 2: 16), "o justo viverá pela fé" (Gálatas, 3: 11). De fato, a justificação é obra de Deus, atribuída graciosamente aos homens, por meio de Cristo (I Coríntios, 6: 11).

Morris (2003, p. 85) pergunta-se: "Como a morte de Cristo pode modificar o veredicto dos pecadores, de 'culpados' para 'inocentes'?". Não se trata de apenas transformar pessoas más em boas, embora Deus faça isso na regeneração. No ato da justificação, Deus atribui ao pecador arrependido o *status* de justo, perdoado, sem culpa, mediante os méritos da morte substitutiva de Cristo. Morris observa que a palavra traduzida do grego *dikaioō* como *justificar*, ao contrário do que especulam outros autores, deve ser entendida como "declarar justo", e não "tornar justo" (Morris, 2003, p. 85). Como argumento, o autor explica que "os verbos que terminam em *-oō* e se referem a qualidades morais têm um sentido declarativo" (Morris, 2003, p. 85, grifo do original). Além disso, segundo ele, "a palavra [*justificar*] nunca é usada para conotar a transformação do acusado, mas sempre para a declaração da sua inocência" (Morris, 2003, p. 85). Portanto, *justificação* significa que "Deus nos colocou no estado correto, de modo que recebemos o veredicto de absolvição quando somos julgados" (Morris, 2003, p. 85). Assim, como diz Paulo, Deus passou a ser aquele que "justifica o ímpio"

---

14   Veja também Tito, 3: 7.

(Romanos, 4: 5) para mostrar-se, a um só tempo, "justo e para justificar aquele que é pela fé em Jesus" (Romanos, 3: 26). Deus salva o pecador não por meio de um ato arbitrário, mas segundo a sua elevada justiça, o seu amor e a sua santidade.

2.4.12 A redenção

A ideia original de *redenção* refere-se ao ato de resgatar prisioneiros de guerra, mesmo que estivessem em sua própria terra, porém sob o poder de um dominador. Também significava a libertação de um escravo após o pagamento do devido preço (Morris, 2003). Em alguns casos, era exigido resgate para livrar alguém da pena de morte (Êxodo, 21: 28-30). Essas ideias podem ser aplicadas para ilustrar a situação do pecador escravizado sob o poder do pecado e ao qual foi atribuída a sentença de morte (Romanos, 6: 23). De acordo com a Bíblia (2002), a morte de Cristo resgatou os homens da morte e do pecado (I Coríntios, 6: 20; 7: 23).

2.4.13 O amor e a graça

Para Paulo, a salvação é a expressão do amor de Deus em Cristo Jesus (Romanos, 8: 39; Efésios, 6: 23). "Mas Deus demonstra seu amor para conosco pelo fato de Cristo ter morrido por nós quando éramos ainda pecadores" (Romanos, 5: 8). Segundo ele, "Deus, que é rico em misericórdia, pelo grande amor com que nos amou, quando estávamos mortos em nossos delitos, nos vivificou juntamente com Cristo" (Efésios, 2: 4-5). Cristo ofereceu-se por amor e "se entregou por nós a Deus, como oferta e sacrifício de odor suave" (Efésios, 5: 2). O homem que é salvo vive pela fé no amor de Deus, como Paulo diz de sua própria vida: "vivo pela fé no Filho de Deus, que me amou e se entregou a si mesmo por mim" (Gálatas, 2: 20).

Os cristãos são considerados, assim, mais do que vencedores, pela graça daquele que os amou, e nada, absolutamente nada poderá separá-los "do amor de Deus manifestado em Cristo Jesus, nosso Senhor" (Romanos, 8: 37-39).

Para Morris (2003), das 155 vezes que a palavra *graça* é mencionada no Novo Testamento, por 100 vezes ela é usada por Paulo, ou seja, duas de cada três menções são atribuídas a Paulo. Na benção apostólica, ele invoca "A graça do Senhor Jesus Cristo, o amor de Deus e a comunhão do Espírito Santo estejam com todos vós!" (II Coríntios, 13: 14).

Na Epístola aos Efésios, Paulo escreve: "Pela graça fostes salvos, por meio da fé, e isso não vem de vós, é o dom de Deus" (Efésios, 2: 8). Para Paulo, tudo que Deus faz é "expressão da graça". Ele não alivia em nada a severidade de Deus como santo e justo, mas contrapõe a isso uma graça capaz de libertar até o pior dos pecadores (I Timóteo, 1: 15). "Amor, do começo ao fim, é a maneira como Paulo vê a Deus em Cristo, e é esse amor que traz salvação" (Morris, 2003, p. 90).

Síntese

Neste capítulo, apresentamos alguns dos principais desenvolvimentos teológicos a respeito da obra de Jesus Cristo e como ela se relaciona e define a salvação de Deus para os que creem no Evangelho. Verificamos, pela ênfase com que a Paixão de Cristo é descrita nos evangelhos, que ela é fundamental para a interpretação da obra de Cristo e para a compreensão da doutrina da salvação.

Analisamos como a salvação é abordada nos Evangelhos Sinópticos e nos textos de João. No Evangelho de João, deparamos com diversos temas específicos desse evangelista. Discutimos, assim, entre outros temas, sobre o novo nascimento que se dá por meio da crença Cristo e que, por conseguinte, provê o conhecimento de Deus sob perspectiva de relacionamento entre ele e o crente.

Nos textos de Paulo, comentamos como sua experiência de conversão tornou-se paradigma para sua reflexão sobre a obra de Cristo. Do evangelho que Paulo anuncia, destacamos o entendimento do apóstolo acerca do pecado como a raiz da desobediência a Deus e como fato gerador da perdição. Além disso, versamos sobre a crucificação de Cristo como obra expiatória, que liberta de forma plena e eficaz os indivíduos da condenação do pecado, e examinamos o tema da justificação em Jesus, pela qual Deus declara justos todos os pecadores que se arrependem e creem em Cristo.

Questões para revisão

1. Explique como a morte de Cristo perdoa os pecados e reconcilia o homem com Deus.

2. Explique o conceito de Paulo sobre a doutrina da justificação.

3. Assinale a alternativa que apresenta a exigência de Jesus para alguém receber a salvação:
   a) Arrepender-se e crer no evangelho.
   b) Cumprir integralmente os mandamentos de Jesus.
   c) Ajudar alguém em situação de extrema necessidade, como fez o bom samaritano.
   d) Crer no Evangelho.

4. Assinale a alternativa que **não** aponta um significado da morte de Cristo para a salvação:
   a) Ela foi escatológica, pois assegurou aos que creem a comunhão eterna com Deus.

b) Ela foi colaborativa, pois auxiliou os fiéis na conquista da salvação.
c) Ela foi sacrificial, com o intuito de prover o perdão dos pecados.
d) Ela foi expiatória, com a finalidade de resgatar aqueles que estavam perdidos.

5. Assinale as alternativas que explicam o motivo de Paulo ter usado o termo *justificação* para falar da salvação:
    a) Porque Deus consegue enxergar a boa intenção no coração de quem crê, e isso basta para a justificação.
    b) Porque Deus atribui o *status* de justo a quem crê mediante os méritos de Cristo.
    c) Porque a justificação se dá por meio do cumprimento da lei e é irrepreensível.
    d) Porque o homem não pode ser justificado pela obediência à lei, mas é somente pela fé em Cristo.

Questões para reflexão

1. Qual o significado da expressão *vida eterna* no Evangelho de João?

2. Explique o que Paulo quer dizer com o termo *carne*.

3. A morte de Cristo é interpretada como suficiente e eficiente para perdoar os pecados dos homens e reconciliá-los com Deus. Em sua opinião, essa ideia é de fácil compreensão e aceitação por qualquer pessoa hoje em dia? Justifique sua resposta.

capítulo três

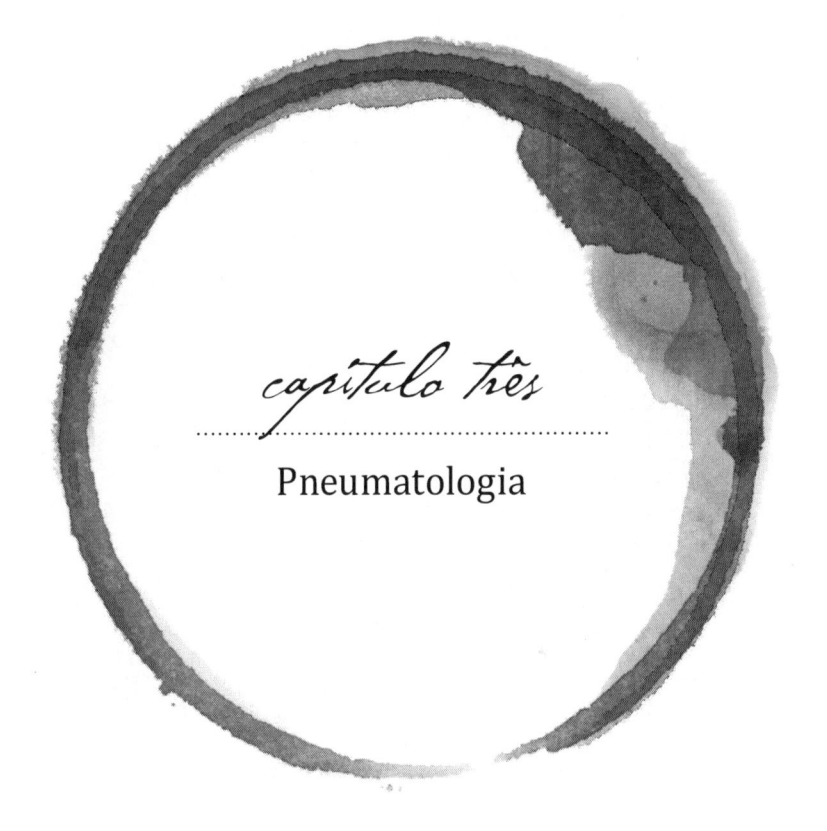

Pneumatologia

03

Antes de iniciarmos nosso estudo, convém apresentar alguns esclarecimentos que ajudarão você a compreender a origem e o significado do termo *pneumatologia*.

No Antigo Testamento, algumas profecias anunciavam um evento especial no qual um escolhido receberia o espírito de Deus e seria dotado de poder e capacidade para estabelecer a vontade divina por seu governo. Sobre a figura do Messias, por exemplo, repousaria o "espírito de Iahweh" Senhor (Isaías, 11: 2). O servo do Senhor também receberia a doação do espírito (Isaías, 42: 1). Também há profecias conforme as quais o espírito de Deus seria dado a todos as pessoas do seu povo (Joel, 3: 1-2). No Novo Testamento, Jesus se identifica como aquele sobre o qual está o "Espírito do Senhor" (Lucas, 4: 17-21) e que veio para cumprir a profecia de Isaías (61: 1-2).

Na esteira dessas tradições e com base nos ensinamentos de Jesus, os estudiosos do Novo Testamento interpretam a descida do Espírito Santo descrita no livro dos Atos dos Apóstolos como sendo o cumprimento e a irrupção do tempo da restauração e do fim. Consequentemente, abriu-se espaço para a exploração desse tema e para o desenvolvimento de um ensino que pudesse contribuir com a pregação do Evangelho e com edificação da igreja. A reflexão dessa questão na teologia cristã recebeu o nome de *pneumatologia*, termo oriundo da língua grega que faz referência ao estudo das questões do Espírito de Deus ou do Espírito Santo.

Neste capítulo, mostraremos como os Evangelhos Sinópticos trataram a questão do Espírito Santo, visto especialmente como uma promessa de Jesus aos seus discípulos. Nesse sentido, daremos especial atenção ao Evangelho de Lucas e, depois, no outro texto desse evangelista, o livro dos Atos dos Apóstolos, no qual destacaremos a ampla presença e atuação do Espírito Santo, o que nos permite aprofundar o estudo sobre esse tema. No Evangelho de João, encontraremos os principais ensinamentos de Jesus sobre a terceira pessoa da Trindade. Já nos textos de Paulo, veremos que esse autor não concebia a vida cristã sem a atuação do Espírito Santo e, por isso, foi quem o descreveu com mais criatividade e percepção, por meio de ilustrações e imagens didáticas.

3.1 O Espírito Santo nos Evangelhos Sinópticos

Já no início dos evangelhos de Mateus (1: 18) e Lucas (1: 35), é explicado que o nascimento de Jesus foi obra do Espírito Santo. Mais adiante, os evangelistas relatam que João Batista havia predito que Jesus seria mais forte do que ele e que batizaria os fiéis com o Espírito Santo e com o fogo (Mateus, 3: 11; Marcos, 1: 8; Lucas, 3: 16). Os evangelistas relatam que, após o batismo realizado por João Batista, o Espírito Santo (Espírito de Deus) desceu "como pomba" sobre Jesus (Mateus, 3: 16; Marcos, 1: 10; Lucas, 3: 22).

O ministério messiânico de Jesus sob o poder do Espírito Santo é evidência do Reino de Deus, como se vê na declaração de Mateus, 12: 28: "Mas se é pelo Espírito de Deus que eu expulso os demônios, então o Reino de Deus já chegou a vós". Jesus tinha, então, o poder de conceder os dons do Espírito Santo aos seus discípulos (Lucas, 12: 12).

3.2 O Espírito Santo nos textos de Lucas

Dentre os evangelistas sinópticos, Lucas é aquele que dá maior destaque ao Espírito Santo em seus escritos, desde o seu evangelho até o livro dos Atos dos Apóstolos, nos quais ele apresenta uma coerência significativa no tratamento que dá ao tema.

3.2.1 Evangelho de Lucas

De acordo com Ladd (2003), dentre os autores dos Evangelhos Sinópticos, Lucas é o que mais faz mais referências ao Espírito Santo. Morris (2003, p. 230) observa que, logo no início do seu evangelho, Lucas relata a profecia revelada a Zacarias de que seu filho, João Batista, seria "pleno do Espírito Santo ainda no seio de sua mãe" (Lucas, 1: 15). Isabel, mãe de João Batista, quando recebeu a visita de Maria, também ficou "repleta do Espírito Santo" (Lucas, 1: 41).

No Evangelho de Lucas, são reveladas as palavras de Gabriel explicando a Maria como os desígnios divinos nela se cumpririam: "O Espírito Santo virá sobre ti e o poder do Altíssimo vai te cobrir com a sua sombra; por isso o **Santo** que nascer **será chamado** Filho de Deus" (Lucas, 1: 35, grifo do original). Em outra passagem, Lucas nos apresenta Simeão, a quem o Espírito Santo revelara que não morreria sem ver a salvação de Israel (Lucas, 2: 26).

Como comentamos anteriormente, João Batista diz aos que o procuravam para serem batizados que ele batizava com água, mas aquele que viria batizaria "com o Espírito Santo e com o fogo" (Lucas, 3: 16). O batismo com fogo pode ser interpretado à luz das outras referências ao batismo com o Espírito Santo em outro texto de Lucas, o livro dos Atos dos Apóstolos, como quando Jesus diz que "João batizou com água, mas vós sereis batizados com o Espírito Santo dentro de poucos dias" (Atos, 1: 5; 11: 15-17).

Ainda sobre esse episódio, logo após o batismo de Jesus, o "Espírito Santo desceu sobre ele em forma corporal como pomba" (Lucas, 3: 22). Algum tempo depois, Jesus é "conduzido pelo Espírito através do deserto durante quarenta dias e tentado pelo diabo" (Lucas, 4: 1). Depois desses quarenta dias, Jesus volta à Galileia "com a força do Espírito" (Lucas, 4: 14). Em Nazaré, sua aldeia, ele prega na sinagoga e aplica a si mesmo a profecia de Isaías (1: 1-2), conforme já mencionamos: "O Espírito do Senhor está sobre mim" (Lucas, 4: 18), e apresenta a sua missão de "evangelizar os pobres; [...] proclamar a remissão aos presos e aos cegos a recuperação da vista, [...] restituir a liberdade aos oprimidos e [...] proclamar um ano de graça do Senhor" (Lucas, 4: 18-19).

Morris (2003) garante que, dessa forma, Lucas pretende demonstrar que todo o ministério de Jesus se deu no poder do Espírito Santo, como aparece resumido nas palavras de Pedro dizendo que Deus ungiu a Jesus "com o Espírito Santo e com poder, ele que passou fazendo o bem e curando a todos os que estavam dominados pelo diabo, porque Deus estava com ele" (Atos, 10: 38).

A lição sobre a oração recebe de Lucas uma versão singular, quando Jesus diz que "Ora, se vós, que sois maus, sabeis dar coisas boas aos vossos filhos, quanto mais o Pai do Céu dará o Espírito Santo aos que o pedirem!" (Lucas, 11: 13). Como comparação, no Evangelho de Mateus, esse mesmo trecho aparece da seguinte maneira: "o vosso Pai que está nos céus dará coisas boas aos que lhe pedem" (Mateus, 7: 7-11).

Na lição sobre as perseguições, os três Evangelhos Sinópticos registram a palavra de Jesus dizendo que os discípulos não deveriam temer porque o Espírito Santo lhes ensinaria o que deveriam dizer (Mateus, 10: 17-20; Marcos, 13: 11). Lucas, porém, assinala uma diferença importante: "pois eu [Jesus] vos darei eloquência e sabedoria, às quais nenhum de vossos adversários poderá resistir, nem contradizer" (Lucas, 21: 15).

Assim, percebemos que o Espírito Santo estava presente na vida e no ministério de Jesus, mas, em relação à Igreja, ele era apenas uma promessa a ser cumprida. Lucas usa as expressões "que meu Pai prometeu" e "força do Alto" (Lucas, 24: 49) como referências importantes ao Pentecostes, conforme narrado no livro dos Atos dos Apóstolos (Morris, 2003).

3.2.2 Atos dos Apóstolos

O Livro dos Atos dos Apóstolos é uma continuação do Evangelho de Lucas. Por isso, no capítulo 1, vemos os últimos dias do ministério de Jesus, a renovação da sua promessa, a sua ascensão e os dias de espera dos discípulos. No capítulo 2, observamos que a missão dos discípulos começa somente após a descida do Espírito Santo sobre eles. No entanto, percebemos que somente a partir do capítulo 3 é que todos os atos dos apóstolos são executados sob a influência direta do Espírito Santo.

Logo no início do livro, Lucas relata a ordem de Jesus aos discípulos para que "não se afastassem de Jerusalém, mas que aguardassem a promessa do Pai" (Atos, 1: 4) que ele havia prometido, porque eles seriam "batizados com o Espírito Santo dentro de poucos dias" (Atos, 1: 5). Depois, Jesus promete "uma força, a do Espírito Santo que descerá sobre vós o Espírito Santo, e sereis minhas testemunhas tanto em Jerusalém, em toda a Judeia e a Samaria, e até os confins da terra" (Atos, 1: 8). Essa promessa cumpriu-se no dia de Pentecostes, conforme anuncia Pedro, em um discurso à multidão: "Portanto, exaltado pela direita de Deus, ele recebeu do Pai o Espírito Santo prometido e o derramou, e é isto o que vedes e ouvis" (Atos, 2: 33).

A descida do Espírito Santo é narrada por Lucas com sinais físicos: "ruído como o agitar-se de um vendaval impetuoso [...] [e] línguas como de fogo" (Atos, 2: 2-3) e, então, "todos ficaram repletos do Espírito Santo" (Atos, 2: 4). O resultado imediato que esse evento provocou foi uma profunda transformação na vida dos discípulos, que saíram do esconderijo para a proclamação pública, do medo para a ousadia.

A consecução do Espírito Santo é descrita de várias formas (*cair sobre*, *receber*, *vir sobre*), mas todas se referem à mesma experiência: "Deus, em Cristo, concedeu o Espírito aos que depositam sua fé nele, e essa dádiva do Espírito Santo é a capacitação necessária para o serviço cristão" (Morris, 2003, p. 233). Após o Pentecostes, não há mais registros de que os crentes tivessem medo de dar o testemunho de Jesus, pelo contrário, seguem-se descrições de atos da Igreja no poder do Espírito Santo. Alguns sugerem que o livro dos Atos poderia ser chamado de "Os atos do Espírito Santo", dada a forte presença do Espírito Santo no nascimento e no desenvolvimento da Igreja (Carson; Moo; Morris, 1997, p. 203).

Morris (2003, p. 234) argumenta que Lucas via o Espírito Santo como "vivo e atuante, cuja presença iluminava e inspirava a Igreja". Isso porque o Espírito Santo deu aos discípulos o poder para testemunhar em Jerusalém (capítulo 3), Samaria (Capítulo 8), Antioquia e Ásia Menor (capítulos 13 e 14) e nos confins da terra (capítulos 16 a 28). O Espírito Santo os capacitou para enfrentar perseguições (capítulos 4, 5, 7, 12, 16, 21, 22, 23, 24, 25 e 26), para organizar a Igreja (capítulos 6 e 15) e para convencer os perseguidores (capítulo 9) e os gentios (capítulos 8, 10 e 11).

Como mencionamos anteriormente, no dia de Pentecostes, os discípulos ficaram repletos do Espírito Santo. Além disso, o livro dos Atos relata que o Espírito Santo enche de poder e de autoridade algum personagem que precisa dessas qualidades em determinado contexto, como podemos perceber nas seguintes ocasiões: Pedro perante o Sinédrio (Atos, 4: 8); os irmãos que oravam (Atos, 4: 31); os sete diáconos (Atos, 6: 3, 5); Estevão diante do Sinédrio (Atos, 7: 55); Paulo no dia de sua conversão diante de Ananias (Atos, 9: 17); os gentios batizados na casa de Cornélio (Atos, 10: 44); Barnabé em Antioquia (Atos, 11: 24); Paulo em Chipre (Atos, 13: 9); os novos discípulos em Icônio (Atos, 13: 52); os discípulos em Éfeso (Atos, 19: 6). Marshall (2007, p. 177-178) argumenta que, evidentemente, o batismo no Espírito Santo é permanente e que essas referências devem ser entendidas como capacitação com "dons específicos para ocasiões particulares".

Assim, de Jerusalém o Evangelho se espalhou pela Judeia, Samaria, Antioquia, Ásia Menor e Grécia e chegou a Roma, cumprindo dessa forma a palavra de que os discípulos seriam testemunhas desde Jerusalém até os confins da terra.

3.3 O Espírito Santo no Evangelho de João

O Evangelho de João apresenta os principais ensinamentos de Jesus sobre a terceira pessoa da Trindade. Embora muitas das situações sobre a vida de Cristo sejam narradas tanto nos Evangelhos Sinópticos quanto no Evangelho de João, este dá uma ênfase maior ao Espírito Santo do que aqueles.

No início do Evangelho de João, percebemos que que a descida do Espírito Santo sobre Jesus no batismo era uma evidência da sua divindade para João Batista. Todos os evangelhos narram o batismo de Jesus, mas somente João revela o que João Batista diz naquele momento:

> *Eu vi o Espírito descer do céu como pomba, e repousar sobre ele. E eu não o conhecia, mas o que me mandou a batizar com água, esse me disse: Sobre aquele que vires descer o Espírito, e sobre ele repousar, esse é o que batiza com o Espírito Santo. E eu vi, e tenho testificado que este é o Filho de Deus.* (Bíblia. João, 1994, 1: 32-34)

Em outra passagem, João escreve que Jesus realmente "fala as palavras de Deus, pois ele dá o Espírito sem medida" (João, 3: 34), indicando que Jesus não apenas recebeu o Espírito, mas todo o seu ministério transcorre sob o poder do Espírito Santo.

A fim de facilitar a compreensão da pneumatologia no Evangelho de João, trataremos, a seguir, de temas pertinentes a este estudo, como: renascimento, Paráclito, derramamento do Espírito Santo, missão do Espírito Santo na Igreja e no mundo.

3.3.1 O renascimento

Como vimos na Seção 2.3.3, o Evangelho de João apresenta o diálogo entre Jesus e Nicodemos sobre o novo nascimento que aqueles que cressem em Jesus teriam. Nesse episódio, transparece um dos dualismos desse evangelista.

Jesus diz a Nicodemos: "quem não nascer **do alto** não pode ver o Reino de Deus" (João, 3: 3, grifo nosso). Em versões mais conhecidas e utilizadas da Bíblia, esse versículo é transcrito como: "aquele que não **nascer de novo**, não pode ver o reino de Deus" (Bíblia. João, 1994, 3: 3, grifo nosso). As expressões destacadas nas duas versões desse versículo são traduções da palavra grega *anōthen*. Ladd (2001, p. 275) observa que essa palavra "pode ser traduzida de ambas as formas 'de novo' [...] ou 'de cima'". Essa segunda forma equivale ao "nascimento da água e do Espírito" (Ladd, 2011, p. 275). Morris (2003, p. 308), por sua vez, comenta que a melhor tradução é "*de cima*", e não "*de novo*", pois "em todas as outras passagens em que ele [o termo *anōthen*] ocorre neste evangelho ele significa 'de cima'". Segundo Morris (2003, p. 208), Nicodemos entendeu de forma equivocada a expressão, pois "falou de voltar ao ventre materno", e a interpretação correta deve ser apenas "*novo*", e não "*de novo*". Dessa maneira, Jesus fala de um renascimento no sentido de um *nascimento novo*, do alto (de cima), e não de um segundo nascimento físico.

Segundo Morris (2003), devemos entender a expressão "nascer da água e do Espírito" (João, 3: 5) como um ato conjunto, no sentido de "'água espiritual' ou 'semente espiritual'", ou seja, apenas como "nascer 'do Espírito'" (Morris, 2003, p. 309). Segundo o autor, a repetição de "nascer de cima, da água e do Espírito" (Morris, 2003, p. 309) tem o objetivo de enfatizar o ponto central do ensinamento de Jesus, isto é, que o ser humano não tem como alcançar o Reino de Deus por esforço próprio, mas somente se for transformado pelo Espírito Santo (Morris, 2003).

Morris (2003) explica que, em geral, há três modos de interpretar a expressão *nascer da água*:

1. **Purificação** – Neste caso, a água está associada à ideia do batismo de arrependimento praticado por João Batista, que precede o batismo do Espírito Santo trazido por Jesus.
2. **Nascimento físico** – A água refere-se à bolsa de água que protege o bebê e se rompe em seu nascimento, ou seja, está relacionada a um nascimento normal e que deve ser seguido de um nascimento espiritual.
3. **Batismo cristão** – É o nascimento espiritual, ou seja, o renascimento ministrado como sacramento da fé cristã.

Ainda no diálogo com Nicodemos, Jesus diz: "O que nasceu da carne é carne, o que nasceu do Espírito é espírito" (João, 3: 6), por isso é necessário que o Espírito Santo venha à natureza humana e opere o milagre da regeneração. Isso não significa que a carne seja má, mas "incapaz, por si mesma, de atingir o mundo de Deus e de compreender as realidades divinas" (Ladd, 2003, p. 421), pois "o homem não possui vida" em si mesmo, visto que a "vida é um dom de Deus, que somente pode ser efetivado por um trabalho interior do Espírito Santo, que faz do crente um filho de Deus" (Ladd, 2003, p. 420).

Em outro episódio narrado por João, Jesus diz à samaritana à qual ele solicitara água que "Deus é Espírito" (João, 4: 24) e, por isso, não está limitado a nenhum lugar. Assim, os que nascem de novo podem adorá-lo "em espírito e em verdade" (João, 4: 24), isto é, "motivados pelo Espírito Santo" e "do modo que ele deseja ser adorado" (Ladd, 2003, p. 421-422).

3.3.2 O Paráclito

Nos capítulos 14, 15 e 16 do Evangelho de João, Jesus refere-se ao Espírito Santo como *Paráclito*[1] (João, 14: 16, 26; 15: 26; 16: 7), do grego *paraklētos*, traduzido, na maioria das versões da Bíblia em português, como *Consolador*. A palavra origina-se da junção dos termos gregos *para* (ao lado) e *kaleo* (chamar). Turner (2012, p. 484-485) define o termo como "'aquele chamado a estar ao lado' (esp. para oferecer assistência em tribunais)", como se fosse um advogado[2]; porém o autor ressalta que, no Evangelho de João, o termo parece não ter o sentido jurídico como principal. Turner (2012, p. 485) aponta ainda que João retrata a função do Paráclito como "ensinar, revelar e interpretar Jesus aos discípulos".

Morris (2003, p. 316) explica que, "literalmente, o sentido [de *Paráclito*] é 'chamado para o lado de'", e ainda registra o significado do Léxico grego-inglês: "Chamado para ajudar num tribunal; como substantivo, **auxiliar de justiça**, **advogado**" (Liddell; Scott, 1996[3], citados por Morris, 2003, p. 316, grifo do original). O autor observa

---

1 A *Bíblia de Jerusalém* (Bíblia, 2002) registra a forma *Paráclito*, mas, segundo o *Dicionário Houaiss da língua portuguesa*, as formas *Paraclito* e *Paracleto* também são utilizadas em português (Houaiss; Villar; Franco, 2009).
2 Esse é o sentido com que a palavra em grego é utilizada na Primeira Epístola de São João ao referir-se a Jesus. Por isso, nas traduções para o português, a maioria das versões da Bíblia usam o termo *advogado* nessa passagem, conforme a *Bíblia de Jerusalém*: "temos, como advogado, junto do Pai, Jesus Cristo, o Justo" (Bíblia. I João, 2002, 2: 1); e a *Bíblia Online*: "temos um Advogado para com o Pai, Jesus Cristo, o justo" (Bíblia. I João, 1994, 2: 1).
3 LIDDELL, H. G.; SCOTT, R. **A Greek-English Lexicon**: whit a Revised Supplement. New York: Oxford Press, 1996.

que, embora a palavra *Paráclito* provenha do contexto legal, ela pode ser aplicada a qualquer pessoa que ajuda alguém no tribunal, e não necessariamente a um advogado, pois ela ultrapassa sentido jurídico em muitos aspectos (Morris, 2003). Assim, ele propõe que o termo seja usado sem tradução, a fim de comportar a plena ação do Espírito Santo, cujo ministério "tem o propósito de ajudar a preparar as pessoas para o dia em que se encontrarão com Deus" (Morris, 2003, p. 317).

Por sua vez, Ladd (2003, p. 422), comenta que a palavra grega que origina *Paráclito* tem sido traduzida como *consolador, confortador, ajudador* ou *advogado* (como aparece na Primeira Epístola de São João). Segundo esse autor, *Paráclito* combina os conceitos de **mediador** e de **mestre** e era de conhecimento dos judeus do primeiro século, tanto palestinos quanto helênicos.

Outra questão que surge relacionada ao termo *Paráclito* está na passagem: "e rogarei ao Pai e ele vos dará **outro** Paráclito, para que convosco permaneça para sempre" (João, 14: 16, grifo nosso).

Portanto, é possível deduzir que, quando Jesus apresenta o Espírito Santo como o "outro Paráclito", ele está indicando que esse Espírito é outro do mesmo tipo que o próprio Jesus. Não é Jesus em outra forma, mas um outro que ocuparia o lugar de Jesus como Paráclito aos seus discípulos. A Primeira Epístola de São João afirma que Jesus é o Paráclito (advogado) diante do Pai nos céus (I João, 2: 1). Dessa forma, o Espírito Santo, ao ocupar o lugar de Jesus, continuaria o ministério deste por meio dos seus discípulos (Ladd, 2003). Nas palavras de Eduard Lohse (citado por Horster, 2009, p. 194), "o Paráclito cumpre amplamente as funções que Jesus exerce. Além disso, logo após anunciar a vinda do Espírito Santo, Jesus promete: 'Não vos deixarei órfãos. Eu virei a vós' (João, 14: 18)". Marshall (2007, p. 439) sugere que, "pela ação do Consolador [Paráclito], Jesus se faz presente". Se o Espírito Santo não fosse da mesma natureza de Deus, ele não seria capaz de dar continuidade ao ministério de Jesus entre os discípulos, porque alguém menor não poderia substituir adequadamente o Filho, como João apresenta.

Raymond Edward Brown[4] (citado por Ladd, 2003, p. 278), afirma que "De muitas e variadas maneiras o Paráclito está para Jesus assim como Jesus está para com o Pai". Brown (citado por Ladd, 2003, p. 423) complementa: "Como um 'outro Paráclito', o Paráclito é, como se fosse um outro Jesus".

3.3.3 O derramamento do Espírito Santo

Nesta passagem do Evangelho de João, Jesus prenuncia o derramamento do Espírito Santo: "'Se alguém tem sede, venha a mim e beba, aquele que crê em mim!' conforme a palavra da Escritura: De seu seio jorrarão rios de água viva. Ele falava do Espírito que deviam receber aqueles que tinham crido nele; pois não havia ainda Espírito, porque Jesus ainda não fora glorificado" (João, 7: 37-39). Morris (2003, p. 311) observa que, "Em termos literais, João diz isso mesmo: 'Ainda não Espírito'", declaração que deve ser entendida à luz da descida do Espírito Santo no Pentecostes. Embora houvesse manifestações do espírito no Antigo Testamento e durante o ministério de Jesus, ele ainda não havia sido derramado sobre toda a carne, como ocorreu a partir do Pentecostes. Morris (2003, p. 311) ainda esclarece que "Na administração divina, a obra do Filho precedia a do Espírito; era necessário que o sacrifício expiatório fosse oferecido antes que o derramamento do Pentecostes pudesse ocorrer".

---

4   Raymond Edward Brown (1928-1998) foi um renomado pesquisador bíblico católico romano que lecionou por duas décadas no Union Theological Seminary, em Nova Iorque, Estados Unidos.

Mais adiante, João retrata o episódio em que Jesus diz aos discípulos que eles conhecem o espírito "porque [ele] permanece convosco" (João, 14: 17). Na tradução direta do grego, esta passagem diz: "porque junto a vós permanece e em vós estará" (Bíblia. João, 2004, 14: 17), pela qual podemos perceber que a fala de Jesus sinaliza uma transição da situação em que eles se encontravam para o ministério do Espírito Santo e para a nova aliança após a morte, a ressurreição e a ascensão de Jesus. Por intermédio de Cristo, o Espírito Santo estava junto dos discípulos, mas, a partir daquele momento, o Espírito Santo encheria seus corações, revelando a vontade de Deus e capacitando-os a continuar a missão iniciada por Jesus. A promessa "não vos deixarei órfãos. Eu virei a vós" (João, 14: 18) indica que não haveria interrupção entre o ministério de Jesus e o do Espírito Santo nos discípulos.

Por fim, Jesus diz que o Espírito Santo somente viria após a sua ascensão: "eu vos digo a verdade: é de vosso interesse que eu parta, pois, se eu não for, o Paráclito não virá a vós. Mas se eu for, enviá-lo-ei a vós" (João, 16: 7). Quando Jesus já ressuscitado aparece aos discípulos, ele lhes concede o Espírito Santo, assoprando sobre eles e dizendo: "Recebei o Espírito Santo" (João, 20: 22). Ladd (2003, p. 418-419) argumenta que, embora o texto de João apresente algum conflito com o relato do Pentecostes no livro dos Atos dos Apóstolos, "Não há objeção substancial de assumirmos o incidente relatado por João como uma parábola viva que foi realmente cumprida no Pentecostes".

3.3.4 A missão do Espírito Santo na Igreja

Como vimos na seção anterior, Jesus deixa claro que o Espírito Santo se relacionaria com os discípulos de forma muito distinto daquela com a qual atuaria no mundo. Diferentemente do que é exposto nas histórias do Antigo Testamento, nas quais o Espírito Santo dotava pessoas com capacidades especiais para desempenhar alguma função (como o caso de Sansão, herói bíblico dotado de força descomunal, retratado no livro dos Juízes), após a vinda de Cristo o próprio espírito de Deus habitaria no coração de todo o seu povo. Conforme anuncia Jesus, o mundo não pode receber o Espírito Santo "porque não o vê nem o conhece" (João, 14: 17). Judas, então, questiona como o Espírito Santo se manifestaria aos discípulos e o mundo não perceberia (João, 14: 22), ao que Jesus responde que ele e o Pai estabelecerão morada naquele que os ama e lhes obedece (João, 14: 23).

A missão do Espírito Santo, portanto, é dar glória ao nome de Jesus (João, 16: 14), sem desviar a sua atenção nem modificar o seu ensino: "Tudo o que o Pai tem é meu. Por isso vos disse: ele o Espírito Santo] receberá do que é meu e vos anunciará" (João, 16: 15).

Jesus afirma que a missão do Espírito Santo é ensinar a verdade, porque é "o Espírito da Verdade" (João, 14: 17; 15: 26; 16: 13), e dar o seu testemunho (João, 15: 26) – *dar testemunho* significa que o Espírito Santo deve mostrar quem Jesus é e o que ele fez pela humanidade. Jesus completa: "E vós também dareis testemunho" (João, 15: 27), indicando, segundo Morris (2003), que o Espírito Santo dá testemunho de Cristo por meio da Igreja e que esta é guiada pelo Espírito Santo a dar o testemunho para o mundo.

Segundo o Evangelho de João, Jesus é a verdade (João, 14: 6) e o Espírito Santo dará testemunho da verdade, isto é, de Cristo (João, 15: 26). Ele guiará os discípulos "à verdade plena" (João, 16: 13) e "ensinará tudo e [...] recordará tudo o que eu vos disse" (João, 14: 26). Assim, o Espírito Santo ensina o que foi revelado por Cristo e somente ele pode revelar a verdade, "pois não falará de si mesmo, mas dirá tudo o que tiver ouvido e vos anunciará as coisas futuras" (João, 16: 13) que tiver recebido de Cristo, que é a revelação definitiva.

A missão do Espírito Santo, portanto, é dar glória ao nome de Jesus (João, 16: 14), sem desviar a sua atenção nem modificar o seu ensino: "Tudo o que o Pai tem é meu. Por isso vos disse: ele [o Espírito Santo] receberá do que é meu e vos anunciará" (João, 16: 15).

3.3.5 A missão do Espírito Santo no mundo

Quando Jesus anunciou o Espírito Santo, ele afirmou que este teria uma missão no mundo em relação aos não crentes: "quando ele vier, estabelecerá a culpabilidade do mundo a respeito do pecado, da justiça e do julgamento" (João, 16: 8). Isso significa que o Espírito Santo irá **convencer** o mundo do pecado, da justiça e do julgamento (juízo). Morris (2003, p. 314) esclarece que o verbo *convencer* é usado com o sentido de "provar que alguém está errado" e menciona como exemplo a passagem da Epístola de São Tiago quando este fala da "condenação da Lei" (Tiago, 2: 9).

Vejamos, portanto quais são as três direções da missão do Espírito Santo, que é convencer (João, 16: 9-11, grifo nosso):

1. "**do pecado**, porque não creem em mim" – A incredulidade é o pecado fatal da humanidade, que distorce a compreensão de Deus e da realidade dos seres humanos. Morris (2003, p. 315) diz que "o pecado fundamental é aquele que põe a pessoa no centro das coisas e que, em consequência disso, se recusa a crer".
2. "**da justiça**, porque vou para o Pai e não mais me vereis" – Refere-se à consumação da obra redentora de Cristo, pela qual os seres humanos são justificados diante de Deus. Isso não é uma descoberta humana, mas uma revelação do Espírito Santo.

3. **"do julgamento**, porque o Príncipe deste mundo está julgado" – Segundo Morris (2003, p. 316), "'O príncipe deste mundo' [...] é Satanás". Assim, a morte de Cristo na cruz em lugar dos pecadores é, a um só tempo, um ato de redenção para a humanidade e um ato de julgamento de Satanás.

3.4 O Espírito Santo nas epístolas de Paulo

A ideia de que o Espírito Santo habita nos crentes não era difícil de compreender na época de Jesus, porque até os pagãos acreditavam que os adoradores eram dominados por um espírito que vinha sobre eles. Mas Morris (2003, p. 91) observa que isso não significa dizer que a experiência do Espírito Santo era um "lugar-comum" na Igreja do primeiro século.

Coube a Paulo dar maior destaque à obra do Espírito Santo na vida dos crentes, por meio dos frutos do amor e da santidade, e na vida da Igreja, mediante os dons ministeriais. Os principais trechos das epístolas de Paulo referentes à pessoa e à obra do Espírito Santo são o capítulo 8 da Epístola aos Romanos, os capítulos 12 e 14 da Primeira Epístola aos Coríntios e o capítulo 5 da Epístola aos Gálatas.

Vejamos, agora, as principais características do Espírito Santo com base nas epístolas de Paulo.

- **Pessoa** – Paulo reconhece claramente o Espírito Santo como Deus, referindo-se a ele como "Espírito de Cristo" (Romanos, 8: 9), "Espírito do seu Filho" (Gálatas, 4: 6) e "Espírito de Jesus Cristo" (Filipenses, 1: 19). Paulo também reconhece que o Espírito Santo não é idêntico ao Pai nem ao Filho, uma vez que o coloca ao lado de ambos, como na benção apostólica: "A graça do Senhor Jesus Cristo, o amor de Deus e a comunhão do Espírito Santo estejam com todos vós!" (II Coríntios, 13: 14). O apóstolo proclama que o Espírito Santo é enviado por Deus e vem de Deus (I Coríntios, 2: 12; Gálatas, 4: 6) e sabe todas as coisas de Deus (I Coríntios, 2: 10-11).

- **Ministério** – Paulo refere-se ao Espírito Santo como uma pessoa, e não como meramente um poder ou uma influência. Isso porque somente uma pessoa pode derramar amor nos corações dos crentes (Romanos, 5: 5), guiá-los (Romanos, 8: 14, Gálatas 5: 18), testificar nos seus corações (Romanos, 8: 16), ajudá-los (Romanos, 8: 26), fazer com que tenham mente própria (Romanos, 8: 27), interceder por eles (Romanos, 8: 27), ensiná-los (I Coríntios, 2: 13), dar a eles dons "conforme lhe apraz" (I Coríntios, 12: 11), gerar entre eles o fruto do amor (Gálatas, 5: 22), revelar a eles o ministério de Cristo (Efésios, 3: 5) e alertá-los das falsas crenças (I Timóteo, 4: 1). Paulo declara expressamente que todo cristão tem o Espírito Santo: "todos os que são conduzidos pelo Espírito de Deus são filhos de Deus" (Romanos, 8: 14), "pois quem não tem o Espírito de Cristo não pertence a ele" (Romanos, 8: 9). Ele afirma ainda que o Espírito Santo que habita nos fiéis confirma que eles são filhos de Deus (Romanos, 8: 15), que o corpo do cristão é templo do Espírito Santo (I Coríntios, 3: 16; 6: 19) e que ele deve andar e viver no Espírito (Gálatas, 5: 16, 25).

- **Dons** – O Espírito Santo não apenas habita no crente, mas também o capacita para ministérios específicos com os chamados *dons espirituais* ou *dons da graça*. Os dons podem ser para benefício pessoal (falar em línguas estranhas), da Igreja (realizar profecias) e do mundo (exercer o discernimento de espíritos). Na Primeira Epístola aos Coríntios, Paulo orienta a Igreja quanto à prática dos dons, usando a figura do corpo humano como analogia para ensinar que não há um dom mais importantes do que os outros, o que implica que não há uma hierarquia de valor entre os que os exercem (I Coríntios, 12: 1-31). Ele também adverte que a simples manifestação espiritual não é evidência da ação do Espírito Santo, uma vez que entre os pagãos elas também existem. Por isso, os irmãos devem julgar as profecias (I Coríntios, 14: 29[5]). Marshall (2007, p. 230) observa que, a fim de evitar o orgulho e a arrogância espiritual, Paulo estabelece "como núcleo da discussão a sua análise [...] do amor como uma qualidade sem a qual a posse de dons espirituais não tinha valor, e [...] que desprezava todos os pensamentos de superioridade e rivalidade". Quanto à busca por dons, o apóstolo argumenta ser preferível o dom da profecia, porque é inteligível e promove a edificação dos crentes e o convencimento dos incrédulos (I Coríntios, 14: 19, 39).

- **Frutos** – Segundo Marshall (2007, p. 205), pode-se entender o Espírito Santo "como um princípio doador de vida que gera 'fruto', resultados específicos que são identificados com a prática de vários tipos de conduta cristã". Embora os pagãos também façam referências a experiências espirituais, Paulo fala de uma experiência muito diferente, que não produz comportamento extravagante nem alienação ou loucura. Pelo contrário, para ele, a vida no Espírito Santo segue uma conduta ética que podemos observar pelos seus frutos: "amor, alegria, paz, longanimidade, benignidade, bondade, fidelidade, mansidão, autodomínio" (Gálatas, 5: 22-23).

---

5   Veja também I João, 4: 1-6.

Síntese

Neste capítulo, discutimos a doutrina do Espírito Santo e as missões que ele tem em relação à Igreja de Cristo e em relação ao mundo. Em relação à Igreja, o Espírito Santo regenera, ensina, revela, consola, dá testemunho e exalta a Cristo. Em relação ao mundo, ele convence os homens do pecado, da justiça e do julgamento.

Inicialmente, vimos que os Evangelhos Sinópticos se referem ao Espírito Santo tanto na pessoa quanto no ministério de Jesus, embora de modo indireto e resumido. Destacamos que, dentre os três Evangelhos Sinópticos, o de Lucas é o que dá maior relevância ao Espírito Santo, realçando sua atuação em Zacarias e em Isabel, no nascimento de João Batista, e em Maria, durante a sua gravidez, sobretudo em relação às profecias a respeito do menino Jesus. Ainda nesse evangelho, vimos que o batismo de João Batista foi uma preparação para o cumprimento do ministério que seria realizado por Jesus.

Em comparação com os Evangelhos Sinópticos, demonstramos que o Evangelho de João é o mais rico no tratamento da doutrina sobre o Espírito Santo. Ele é o único que discorre abertamente sobre o novo nascimento como pré-requisito para a entrada no Reino de Deus. Pudemos perceber isso ao analisarmos o diálogo que Jesus estabelece com Nicodemos, quando diz que "quem não nascer do alto não pode ver o Reino de Deus" (João 3: 3). O Evangelho de João também enfatiza que, após a ressurreição e a ascensão de Jesus, "jorrarão rios de água viva" (João, 7: 39) para matar a sede daqueles que tinham ido beber em Cristo, referindo-se ao Espírito Santo que viria para habitar plenamente nos discípulos. Nos discursos que profere no cenáculo, Jesus diz aos discípulos que o Espírito Santo "permanece convosco" (João, 14: 17). Ainda na análise do Evangelho de João, comentamos que o evangelista se refere ao Espírito Santo como o *Paráclito*, termo derivado do grego e que, dependendo do contexto, foi traduzido como *consolador, ajudador, auxiliador* ou *advogado*.

Após a discussão dos evangelhos, adentramos no livro do Novo Testamento que narra a atuação direta do Espírito Santo, após a ascensão de Cristo, nas ações dos discípulos registradas no livro dos Atos dos Apóstolos. Comentamos sobre o relato do derramamento do Espírito Santo no Pentecostes e como esse evento está relacionado ao cumprimento da profecia do Antigo Testamento, relatada no livro de Joel (3: 1-2).

Destacamos que, em todos os atos realizados pelos apóstolos desde o Pentecostes, o Espírito Santo está presente, cumprindo o ministério que Jesus havia prometido. É pela ação do Espírito Santo que os cristãos são capacitados a dar o testemunho de Cristo, enfrentar as perseguições e o martírio que os separam e agir como missionários e fazer com que o Evangelho chegue até os confins da terra.

Por fim, analisamos a doutrina do Espírito Santo nas epístolas de Paulo, que demonstra como o Espírito Santo age na vida do cristão ao repartir dons para a edificação pessoal e da Igreja e para o convencimento do mundo. Vimos que o apóstolo destaca que a presença do Espírito Santo na vida do crente produz frutos de virtude que reforçam o testemunho cristão perante o mundo e glorificam a Deus.

Questões para revisão

1. Explique como a apresentação como "outro Paráclito" (João, 14:16) pode ser usada como evidência da divindade do Espírito Santo?

2. Qual é o significado do derramamento do Espírito Santo sobre os crentes no dia do Pentecostes? Como esse evento cumpre a promessa de Jesus?

3. A principal missão do Espírito Santo no mundo é:
   a) convencer do pecado.
   b) convencer da justiça.
   c) convencer do julgamento.
   d) Todas as alternativas anteriores estão corretas.

4. Quais foram os resultados imediatos na descida do Espírito de Deus sobre os discípulos?
   a) Transformação em suas vidas.
   b) Perda do medo.
   c) Anúncio da palavra de Cristo com ousadia.
   d) Todas as alternativas anteriores estão corretas.

5. Paulo reconhece o Espírito Santo como:
   a) uma pessoa divina.
   b) aquele que distribui os dons à igreja.
   c) aquele que produz fruto na vida do regenerado.
   d) Todas as alternativas anteriores estão corretas.

Questões para reflexão

1. Com base no que expusemos neste capítulo, explique o que você entende por "nascer do alto".

2. Como os Evangelhos Sinópticos se referem ao Espírito Santo? Em quais situações ele é apresentado?

3. Como você compreende, de maneira prática, as principais características do Espírito Santo nos textos paulinos?

capítulo quatro

Escatologia

04

Podemos perceber pelo estudo das civilizações que a preocupação com o futuro sempre esteve presente, em qualquer cultura, de qualquer época, principalmente em relação aos eventos finais da história do mundo. Na Bíblia, essa preocupação também aparece e é vista sob a perspectiva dos fatos que podem acontecer e de como Deus agirá e das ações que realizará nessa ocasião. Isso se deve à certeza de que o ser humano não tem sido capaz de estabelecer um modo de vida que seja justo para todos.

O estudo da escatologia é dos mais difíceis na teologia do Novo Testamento. Isso porque nos séculos mais recentes têm surgido diversas teorias a respeito das "últimas coisas" que trouxeram grande confusão a esse estudo.

Na verdade, as desigualdades e as injustiças impostas ao mundo desde a origem da civilização humana têm sido as propulsoras do sentimento de esperança de que um dia a justiça seja feita e cada um receba a justa retribuição por seus atos.

Na teologia, a área que se ocupa dessas preocupações sobre o futuro e o destino da história é a **escatologia**, que apresentaremos na primeira parte deste capítulo. Nesse sentido, vamos discorrer sobre como Jesus anunciou suas expectativas sobre o fim e quais eram elas. Também comentaremos como os discípulos receberam, transmitiram e até mesmo desenvolveram a escatologia cristã.

O estudo da escatologia[1] é dos mais difíceis na teologia do Novo Testamento. Isso porque nos séculos mais recentes têm surgido diversas teorias a respeito das "últimas coisas" que trouxeram grande confusão a esse estudo.

4.1 Fundamentos da escatologia

A escatologia do Novo Testamento é ampla e complexa. Joseph Schreiner[2] e Gerhard Dautzenberg[3] (2004, p. 32) lembram que na escatologia há motivos e imagens vindos da doutrina apocalíptica, iniciada no Antigo Testamento e desenvolvida no período que se chama "entre os dois testamentos". Tendo em vista que a comunidade cristã primitiva considerava todas as Sagradas Escrituras como prenúncio a respeito do Senhor e da sua ação no final dos tempos, e que as passagens que nelas constam parecem nada ter a

---

1 "Os termos gregos por detrás dessa palavra são *éschatos*, 'último', e *logos*, 'estudos'. [...] [Refere-se à] tradição profética relativa às últimas coisas que haverão de se suceder nos lances finais do presente ciclo histórico" (Champlin, 2013b, p. 437).
2 Joseph Schreiner (1922-2002) foi um importante estudioso da exegese bíblica. Foi professor nas universidades de Münster e Wurzburg, ambas na Alemanha.
3 Gerhard Dautzenberg (1934-) é um teólogo católico romano, professor na Universidade de Giessen, na Alemanha.

ver com o futuro, pode ser mesmo que Jesus tenha usado a linguagem apocalíptica fazendo alusão a trechos das Sagradas Escrituras que tratavam da salvação futura e do juízo final. Foi assim que a comunidade cristã conseguiu interpretar e desenvolver a visão de futuro.

Normalmente, ao nos deparamos com o termo *escatologia*, é comum fazermos de imediato uma associação com o texto do Apocalipse de João ou com o discurso de Jesus sobre o fim, presente no Evangelho de Marcos (capítulo 13), ou mesmo com passagens paulinas na Primeira Epístola aos Tessalonicenses (4: 13 a 5: 11) e na Segunda Epístola aos Tessalonicenses (1: 5 a 2: 17), nos quais encontramos, em linguagem figurada e obscura, um variado cenário apocalíptico. No entanto, a comunidade primitiva não pensava que o fim dos tempos era algo distante da sua realidade; para ela, o fim teve início com a vinda de Jesus e terminará com os grandes acontecimentos da sua volta (Schreiner; Dautzenberg, 2004). Essa é uma convicção fundamentada na pregação de Cristo sobre o Reino de Deus.

No Evangelho de Marcos, Jesus anuncia a boa nova da salvação tendo seu conteúdo delineado na expectativa do Dêutero-Isaías[4] (Marcos, 1: 14). Diante da inquirição de João Batista relatada por Mateus (11: 5), Jesus responde citando as palavras de Isaías de

---

4   O nome *Dêutero-Isaías* é uma convenção e refere-se à segunda parte do livro de Isaías, no qual, a partir do capítulo 40, não se atribui a autoria ao profeta do século VIII a.C. chamado *Isaías*. Assim, como o livro não apresenta outro autor nem a tradição faz menção a outro autor que não seja Isaías, a crítica denominou o trecho entre os capítulos 40 e 66 de **Dêutero-Isaías**. Há ainda a tese de que o Dêutero-Isaías seja composto somente dos capítulos 40 a 55 do livro de Isaías, e que o conteúdo dos capítulos 56 a 66 seja chamado de *Trito-Isaías*.

que as promessas escatológicas da salvação estão se cumprindo em seus feitos. O próprio Cristo parece definir sua missão na leitura do texto de Isaías, conforme vemos no Evangelho de Lucas: "O Espírito do Senhor está sobre mim, porque ele me ungiu para evangelizar os pobres; enviou-me para proclamar a remissão aos presos e aos cegos a recuperação da vista, para restituir a liberdade aos oprimidos e para proclamar um ano de graça do Senhor" (Lucas, 4: 18-19). Afirmam Schreiner e Dautzenberg (2004, p. 33) que Jesus, ao enviar seus discípulos, cita e interpreta profeticamente o texto do Salmo 91 (Salmos, 91: 13), conforme vemos na passagem narrada por Lucas (10: 19, grifo do original): "Eis que eu vos dei o poder de **pisar serpentes**, escorpiões e todo o poder do Inimigo, e nada poderá vos causar dano". No Evangelho de Mateus, Jesus faz alusão a Zacarias (14: 5), ao dizer diz que, "quando o Filho do Homem vier [...] e todos os anjos com ele" (Mateus, 25: 31), será manifestada publicamente a decisão que cada um precisa fazer agora, pelas ações diante da soberania de Deus, que já está presente.

Na concepção de Rudolf Schnackenburg[5], a salvação escatológica iniciada por Jesus foi assumida pela sua comunidade: "A comunidade primitiva de Jerusalém, fundando-se na vinda do Espírito, compreendeu perfeitamente que, como comunidade messiânica, já vivia os sinais e as bênçãos da salvação" (Schnackenburg, citado por Schreiner; Dautzenberg, 2004, p. 33). Ao tomarmos como base o discurso de Pedro no dia de Pentecostes, em que ele cita a profecia de Joel (3: 1-5), percebemos que, para ele, nesse momento estavam iniciando os **últimos dias** e havia chegado o dia do Senhor:

---

5   Rudolf Schnackenburg (1914-2002) foi um importante teólogo católico romano que estudou o Novo Testamento. Foi professor em várias universidades da Europa, entre elas Bamberg e Wurzburg, na Alemanha.

"E então, todo o que invocar o nome do Senhor, será salvo" (Atos, 2: 21, grifo do original). Essa perspectiva escatológica é mantida, como o final do Evangelho de Marcos sugere (Marcos, 16: 15-20), mesmo quando o foco se desloca para a consumação final (Schreiner; Dautzenberg, 2004).

Nesta obra, restringimos o estudo da escatologia aos textos evangélicos e às cartas apostólicas do Novo Testamento. Assim, no tópico a seguir, faremos, uma ponderação sobre os conceitos da **escatologia individual** e do **estado intermediário**. Por isso, sempre que julgarmos necessário, uma consideração a respeito dos textos do Antigo Testamento será inserida. A importância dessas considerações reside no fato de que a escatologia da Igreja primitiva tem seu berço nas promessas e nas profecias inscritas no Antigo Testamento. É, pois, mister que façamos uma breve incursão em seus textos para compreendermos a escatologia do Novo Testamento.

4.1.1 A escatologia individual e o estado intermediário

Pelas leituras dos livros do Novo Testamento, podemos perceber que Jesus não tem muito a dizer sobre o destino de cada indivíduo além do seu lugar no Reino escatológico de Deus. De acordo com Ladd (2003), o Novo Testamento, em sua totalidade, faz uma distinção perfeita entre o **Hades**⁶, o estado intermediário, e o **Geena**⁷, o lugar da punição final. Para Ladd (2003), o Hades con-

---

6 "Originalmente, **Hades** era o nome do deus do submundo que, segundo os gregos, ficava no seio da terra. [...] Com o desenvolvimento da mitologia, o termo *hades* começou a ser usado para significar o *próprio submundo*, a habitação dos *fantasmas* de homens desencarnados. [...] Na versão LXX (**Septuaginta**) [...] a palavra *hades* passou a ser usada para traduzir o termo hebraico 'sheol', lugar dos espíritos desencarnados, igualmente tanto bons quanto maus, tanto os que se encontram na bem-aventurança quanto os que sofrem o justo castigo de seus pecados. Algumas traduções vernáculas, entretanto, têm obscurecido a ideia do 'hades', traduzindo essa palavra por 'inferno', o que dá a entender algum lugar horrível de punição ardente. O próprio termo 'hades', entretanto, não indica necessariamente nem bem-aventurança e nem castigo, embora também possa indicar qualquer dessas situações, dependendo do sentido tencionado no contexto em que o vocábulo aparece" (Champlin, 2013c, p. 9, grifo do original).

7 "No hebraico, 'vale do Hinom'. Era um vale a sudoeste de Jerusalém, onde, antigamente, era praticada a adoração a Moloque (II Reis 23:10). Com o tempo, o local tomou-se o monturo da cidade, onde havia fogo a queimar continuamente o lixo. Esse nome, pois, tomou-se símbolo da punição futura (I Esdras 27:3; II Esdras 7:36). Os apocalipses judaicos deram ao mundo religioso as suas *imagens* sobre o juízo. Tais imagens vieram a repousar, de modo literal e popular, nas descrições do julgamento futuro. Em alguns lugares, o Novo Testamento incorporou essas descrições. Daí, obtemos a ideia de chamas literais como a forma de julgamento futuro. Além disso, a palavra Geena tem sido traduzida por 'inferno', em muitas traduções, nos trechos de Mat. 5:22,28,30; 10:28; 18:9; 23:15,33; Mar. 9:43,45,47 e Luc. 12:5. Também podemos supor que a Geena equivale ao 'lago do fogo', referido em Apo. 19:20; 20:10,14,15 [...] uma imagem que também foi tomada por empréstimo dos livros pseudepígrafos. As pessoas que insistem que as chamas em questão devem ser entendidas literalmente, também insistem que os vermes do texto do nono capítulo de Marcos também são literais" (Champlin, 2013b, p. 872, grifo do original).

siste no equivalente grego do **Xeol** (Sheol[8]) do Antigo Testamento. Conforme os textos encontrados nessa parte da Bíblia, a existência humana não terminará com a sua morte ou após a ela. Pelo contrário, as pessoas continuarão a existir nas mais baixas partes da terra.

O Antigo Testamento não trata da alma ou mesmo do espírito do homem descendo ao Xeol. Em seus textos, os homens continuam a existir como "sombras (**rephaim**)" (Ladd, 2003, p. 258, grifo do original). Os *rephaim*, segundo R. F. Schnell, citado por Ladd (2003, p. 258), são "continuações fracas e em forma de sombra dos seres vivos que perderam sua vitalidade e vigor"[9], assim, mesmo não sendo almas extintas, suas vidas têm pouca essência.

O Xeol é descrito como o lugar mais profundo, "embaixo" (Provérbios, 15: 24), nas partes mais baixas da Terra, onde as sombras se encontram reunidas; a terra da sombra da morte, "soturna e sombria" (Jó, 10: 22), uma terra do esquecimento (Salmos, 86: 13); o lugar do "silêncio" (Salmos, 94: 17; 115: 17). É nesse lugar que os mortos, que estão reunidos em nações, recebem os que morrem. Xeol não é tanto um lugar, mas um *estado* dos mortos (Ezequiel, 26: 20). Não se trata de uma não existência, contudo não é vida, pois a vida somente pode ser desfrutada na presença de Deus. Xeol é a

---

8 A Bíblia de Jerusalém registra a forma *Xeol* (Bíblia, 2002). "A etimologia desta palavra hebraica é incerta, mas ela comumente se refere a *buraco, abismo*, câmara subterrânea sob a superfície da terra, túmulo, mundo infernal. Alguns dizem que a palavra significa 'mundo invisível', mas isso é uma indicação, não uma tradução direta. A palavra também é transliterada como *Seol* e recebe uma variedade de traduções [...]. Traduzi-la como *inferno* é errôneo, embora em épocas pós-canônicas da literatura judaica *Sheol* tenha sido mesclado com *Geena* [...], tornando-se, assim, alegadamente um local de punições e sofrimentos de natureza grave. A Septuaginta fornece a palavra *Hades* [...], pois o conceito grego desse local melancólico era semelhante ao sheol dos hebreus" (Champlin, 2004, p. 199, grifo do original).

9 Veja Salmos, 88: 11; Provérbios, 2: 18; 19: 18; 21: 16.

maneira por meio da qual se afirma, no Antigo Testamento, que a morte não é o fim da existência humana[10].

Os escritores dos livros do Antigo Testamento enfatizam que Deus é o Deus vivo e o Senhor de todos. Dessa forma Robert Martin-Achard[11] (citado por Ladd, 2003, p. 259) argumenta que Deus não abandonará seu povo ao Xeol, mas os habilitará a desfrutar da comunhão com ele próprio.

No Antigo Testamento, o Xeol, portanto, não é um lugar de punição, pois lá estão tanto os justos quanto os ímpios. Somente no judaísmo há uma doutrina que se refere ao Xeol como um lugar de bênção para o justo e de sofrimento para o ímpio (Similitudes de Enoque, 22-23; IV Esdras, 7: 75-98).

A parábola *O mau rico e o pobre Lázaro*, relatada no Evangelho de Lucas (16: 19-31), frequentemente é vista como uma parábola didática, ou seja, que tem por objetivo mostrar de forma explícita a condição em que os mortos se encontram. Entretanto, segundo Jeremias (citado por Ladd, 2003), tal interpretação não é facilmente aceitável, pois parece trazer um conceito contrário aos ensinamentos de Jesus, principalmente pelo fato de sugerir que a riqueza tem como recompensa o inferno, e a pobreza, o paraíso. O autor argumenta que Jesus usa material extraído de histórias de sua época para demonstrar a verdade de que, se os homens não derem ouvidos à palavra de Deus, não será um milagre semelhante ao de uma ressurreição que os convencerá (Jeremias, citado por Ladd, 2003, p. 259).

Há uma declaração de Jesus que lança muita luz quanto ao destino dos justos. Quando, na cruz, o bom ladrão, quase morto,

---
10 Veja também Salmos, 16: 10-11; 88: 12; Isaías, 14: 9-10; Ezequiel, 32: 17-32.
11 Robert Martin-Achard (1919-1999) foi professor de Antigo Testamento na Universidade de Genebra, na Suíça.

expressa a sua fé em Jesus, recebe deste a seguinte promessa: "Em verdade, eu te digo, hoje estarás comigo no Paraíso" (Lucas, 23: 43). A palavra *paraíso*, que pode significar "qualquer lugar agradável e prazeroso" (Houaiss; Villar; Franco, 2009), foi usada na Septuaginta para se referir ao Jardim do Éden (Ezequiel 28: 13; 31: 8) e algumas vezes se refere à era messiânica, quando as condições do Jardim do Éden serão restauradas (Isaías, 51: 3; Ezequiel 36: 35). A palavra *paraíso* aparece apenas três vezes nos textos do Novo Testamento, nas passagens do Evangelho de Lucas (23: 43), na Segunda Epístola aos Coríntios (II Coríntios, 12: 3-4) e no livro do Apocalipse (2: 7). Contudo, essas ocorrências designam o lugar da habitação de Deus. Diante de tudo isso, Ladd (2003, p. 260) conclui que "Jesus não dá informação a respeito dos ímpios mortos, e afirma somente que os justos que morrem estão com Deus".

> *De acordo com Gustaf Emanuel Hildebrand Aulén (1965), por ser uma comunhão com o Deus vivo e com os irmãos, da mesma forma que a fé, a união entre os homens e a Igreja não está circunscrita aos limites da vida terrena.*

Dessa forma, pretendemos esclarecer a esse respeito que a Igreja vive neste mundo sem pertencer a ele. A Igreja vive na tensão escatológica e deve confortar a condição dos cristãos que vivem agora e dos que já morreram. Conforme veremos no próximo capítulo, a relação cristã entre Deus e o homem não isola o cristão individualmente, mas o coloca naquela comunidade espiritual viva, na qual a vontade amorosa de Deus é concretizada na luta contra as forças que se lhe opõem.

De acordo com Gustaf Emanuel Hildebrand Aulén[12] (1965), por ser uma comunhão com o Deus vivo e com os irmãos, da mesma

---

12 Gustaf Emanuel Hildebrand Aulén (1879-1977) foi um importante teólogo luterano nascido na Suíça.

forma que a fé, a união entre os homens e a Igreja não está circunscrita aos limites da vida terrena. A união cristã é indestrutível, pois é firmada no Deus eterno e por ele sustentada. Por isso, a relação entre os cristãos vivos e os cristãos mortos continua sendo de plena comunhão em Cristo. Dessa forma, percebemos que esse aspecto da escatologia trata de algo que o olho não vê e o ouvido não ouve (Aulén, 1965).

4.1.2 O dia do Senhor

Uma série de frases encontradas nos textos do Novo Testamento trata, de forma um tanto misteriosa, sobre o dia do Senhor como *aquele dia*. Isso, mais uma vez, parece não ser um conceito novo, pois já havia a profecia descrita desde o livro de Amós (5: 18-27) que apontava o "dia de Yahweh". Segundo Leonhard Goppelt[13] (2002), os apocalipses judaicos anunciam o dia que está por vir e que será o fim de todos os dias. Portanto, "'aquele dia' é, nesse sentido, o dia escatológico" (Goppelt, 2002, p. 90). Para esse autor, estão relacionadas a esse dia três concepções da tradição sobre Jesus (Goppelt, 2002):

---

[13] Leonhard Goppelt (1911-1973) foi um teólogo luterano. Estudou em Tubingen e em Erlangen, ambas na Alemanha. Foi professor de Novo Testamento em Erlangen, Gottingen, Hamburgo e Munique.

1. **O julgamento** – Conforme descrito no Evangelho de Lucas (10: 12, grifo nosso): "Digo-vos que, **naquele Dia**, haverá menos rigor para Sodoma do que para aquela cidade", referindo-se, de forma genérica, às cidades que rejeitam a palavra de Jesus. Nessa mesma passagem, mas narrada por Mateus (10: 15, grifo nosso), Jesus se refere ao "**Dia do Julgamento**". Percebemos, nesses dois casos, que Jesus prega que Deus virá como um juiz e esse dia será o fim da história dos homens.

2. **A vinda do Filho do Homem** – Segundo esta perspectiva, *aquele dia* trata-se do dia ou dos dias em que virá o Filho do Homem: "De fato, como o relâmpago relampeja de um ponto do céu e fulgura até o outro, assim acontecerá com o Filho do Homem **em seu Dia**" (Lucas, 17: 24, grifo nosso)[14]. Mateus também relata essa passagem e, em algumas versões da Bíblia, refere-se à vinda do Filho do Homem utilizando o termo *parusia*.

3. **O Reino de Deus** – Por fim, *aquele dia* relaciona-se ao Reino de Deus, conforme vemos no Evangelho de Marcos (14: 25, grifo nosso): "Em verdade vos digo, já não beberei do fruto da videira até **aquele dia** em que beberei o vinho novo do Reino de Deus".

Do que analisamos até aqui, podemos dizer que as mensagens sobre o fim dos tempos, excetuando-se o discurso apocalíptico encontrado no capítulo 13 do Evangelho de Marcos, não tratam de uma imagem do futuro, mas se relacionam diretamente com o presente. Dessa forma, Goppelt (2002, p. 92, grifo do original)

---

14 Veja também Lucas, 17: 22, 26, 30.

afirma que essas revelações "**querem fazer com que o presente participe desse futuro**". Esse futuro não surge na história como a continuidade de um desenvolvimento constante, mas como um confronto com a própria história. Portanto, *aquele dia*, de acordo com o conceito encontrado desde o Antigo Testamento, é **o dia do confronto de Deus com a história**.

4.2 O fim do mundo no Novo Testamento

É importante termos uma percepção mais aprofundada do que pensavam Jesus e os autores do Novo Testamento a respeito dos acontecimentos futuros e como eles articularam os pensamentos e os conceitos sobre isso em suas mensagens, isto é, em seus escritos.

Nos próximos tópicos, discutiremos sobre como foram organizadas essas ideias com base nas tradições literárias e teológicas, a fim de auxiliar a compreensão das ideias escatológicas neotestamentárias.

4.2.1 A visão dos Evangelhos Sinópticos

Podemos perceber que a pregação de Jesus a respeito do Reino de Deus já é um anúncio da proximidade da salvação – e, além disso, o anúncio do absoluto futuro salvífico de Deus. Otto Hermann Pesch[15] (citado por Schreiner; Dautzenberg, 2004) afirma que a "espera do fim próximo" por parte de Jesus não se orienta pela configuração

---
15 Otto Hermann Pesch (1931-2014) foi um teólogo católico romano que lecionou na Universidade de Hamburgo, na Alemanha.

apocalíptica, ou seja, pelo "como" meditativo-descritivo do futuro da salvação, pelo contrário, concentra-se no seu significado existencial para o homem, como a expressão do surpreendente oferecimento da salvação de Deus. Essa salvação deve ser recebida pelo homem não como um evento futuro, mas, no seu significado existencial, deve levá-lo a um engajamento no presente e no futuro salvífico que está "próximo". O homem precisa aderir logo ao Reino de Deus, pois ele vem de repente e já foi revelado na obra de Jesus. Portanto, já não há mais tempo a perder, a conversão e o arrependimento são para o momento presente (Pesch, citado por Schreiner; Dautzenberg, 2004).

Marcos foi o primeiro a enquadrar na moldura de um "evangelho" os dados do que ficou conhecido como *a tradição sinóptica*. Esse evangelista conhece, pois, pela tradição, alguns conceitos a respeito da **parusia**,[16] ou seja, a respeito da vinda do Filho do Homem (Marcos, 8: 38; 13: 26; 14: 62). Dentre esses conceitos, pela sua qualidade profética, um certamente nasceu do desejo de proporcionar consolo e incutir confiança, em consequência do aparente retardamento da parusia. O evangelista, dessa forma, elabora a tradição sobre Jesus, a qual não representa toda a tradição da Igreja primitiva, como será visto nas Epístolas de Paulo. O evangelista se preocupa, evidentemente, mais com a pregação contemporânea a respeito do Senhor ressuscitado no evangelho do que com a perspectiva da sua vinda. Podemos perceber isso no capítulo 9 do Evangelho de Marcos, o qual aparenta esvaziar a indicação de

---

16 Veja como nem sempre uma simples definição do vocábulo dá uma significação mais próxima do uso que se faz dele. No dicionário, a palavra *parousia* é um vocábulo grego que significa "presença", "vinda", "chegada", "volta"; "visita real, chegada de um rei, no koinê" – Souter; "a futura, visível volta de Jesus, o Messias, do céu para ressuscitar os mortos, realizar o juízo final, e estabelecer formal e gloriosamente o reino de Deus" – Thayer (Taylor, 1991, p. 165).

prazos e refere-se às palavras da transfiguração apresentando-as como já realizadas. Dessa forma, em certos trechos como em Marcos, 8: 38, a ênfase está sobre a adesão ao movimento iniciado por Jesus, e não à parusia do Filho do Homem (Pesch, citado por Schreiner; Dautzemberg, 2004).

No Evangelho de Mateus, percebemos um incremento no conceito anteriormente desenvolvido por Marcos. Mateus termina cada um dos grandes discursos de Jesus com uma visão escatológica (Pesch, citado por Schreiner; Dautzenberg, 2004). No *Sermão da Montanha*, por exemplo, encontramos: "Muitos me dirão naquele dia: 'Senhor, Senhor, não foi **em teu nome que profetizamos** e em teu nome que expulsamos demônios e em teu nome que fizemos muitos milagres?' Então lhes declararei: 'Nunca vos conheci. **Apartai-vos de mim, vós que praticais a iniquidade**'" (Mateus 7: 22-23[17], grifo do original). Até mesmo o último discurso de Jesus encontrado nos capítulos 24 e 25 do Evangelho de Mateus é um discurso escatológico.

Nos Evangelhos Sinópticos, a maior parte da escatologia de Jesus tem a ver com os eventos relacionados à vinda do Reino escatológico de Deus. Ladd (2003) esclarece que nos ensinamentos de Jesus tanto ideias quanto alusões escatológicas são encontradas de maneira dispersa. Os Evangelhos Sinópticos relatam dois discursos escatológicos de Jesus: em resposta a uma pergunta feita pelos fariseus a respeito do tempo da vinda do Reino, em Lucas, 17: 22-27, e no discurso no Monte das Oliveiras, relatado pelos três evangelistas (Marcos, capítulo 13; Mateus, capítulo 24; e Lucas, capítulo 21). Mateus acrescenta uma considerável quantidade de material escatológico na *Parábola do mordomo* (Mateus, 24: 45-51) – a qual também

---

17   Veja também Mateus, 25: 41.

encontramos em Lucas (12: 42-46) –, na *Parábola das dez virgens* (Mateus, 25: 1-13) e na *Parábola dos talentos* (Mateus, 25: 14-30).

Também encontramos, nos Evangelhos Sinópticos, questionamentos dos discípulos acerca dos eventos prenunciados por Jesus, como quando eles lhe fazem uma dupla pergunta após Jesus dizer que não ficaria pedra sobre pedra do Templo de Jerusalém: "Dize-nos: quando será isso e qual o sinal de que todas essas coisas estarão para acontecer?" (Marcos, 13: 1-2). De acordo com Ladd (2003), não há muita dúvida quanto ao fato de que os discípulos pensavam a respeito da destruição do templo como um dos sinais ou eventos que acompanhariam o final dos tempos e a vinda do Reino escatológico de Deus. Para esse autor, Mateus interpreta a pergunta dos discípulos envolvendo esses dois eventos (Ladd, 2003). Alguns pensam até que Jesus, a exemplo dos discípulos, prenunciou a destruição do templo e o fim dos templos como eventos que ocorreriam em um futuro próximo.

Os evangelistas sinópticos relatam que Jesus antecipou alguns acontecimentos que iriam ocorrer no futuro. Ele antecipou um julgamento divino que viria sobre Israel em virtude de sua insensibilidade espiritual. Este seria um julgamento tanto histórico quanto escatológico e cairia sobre Jerusalém e sobre seus habitantes, considerados por Jesus como uma geração perversa (Lucas, 13: 34-35; Mateus, 23: 37-39)[18]. O templo seria destruído e nivelado ao chão, e o Reino de Deus seria tirado do povo de Israel e entregue para outro povo.

Ladd (2003) argumenta que Jesus antevê um período no qual os discípulos desempenhariam o ministério da pregação além dos confins da Palestina. Mateus, em seu capítulo 10, concorda com

---

18 Veja também Mateus, 11: 16-19, e Lucas, 13: 1-5, trechos que lançam luz sobre essas afirmações.

Marcos, capítulo 6, e relaciona uma missão de pregação pelo núcleo dos doze discípulos que deveria ser limitada "às ovelhas perdidas da casa de Israel" (Mateus, 10: 6). Pode parecer intrigante que os discípulos sejam admoestados a não se dirigirem aos gentios; contudo, o evangelista Mateus menciona, no relato do discurso do Monte das Oliveiras, que Jesus anuncia uma missão entre os gentios (Mateus, 14: 14). Nesse contexto, por sua vez, Marcos registra Jesus afirmando que "É necessário que primeiro o Evangelho seja proclamado a todas as nações" (Marcos, 13: 10).

Jesus declara que uma grande manifestação do Reino de Deus seria testemunhada por alguns dos seus discípulos e que muitos sinais que apontam para a vinda desse reino seriam vistos por sua geração. Em outras passagens, Jesus faz outras declarações que apontam para uma demora até um futuro indeterminado. Na verdade, a ênfase do fim do mundo está na incerteza do tempo em que ocorrerá, à luz da qual todos os homens deveriam estar sempre prontos. Ao final, a impressão deixada pelos evangelistas sinópticos como um todo é clara: não dá para afirmar com segurança que o tempo será amanhã ou na próxima semana ou no próximo ano. Essa incerteza sobre quando ocorrerá o fim revisto por Jesus faz Ladd (2003) concluir que a mensagem utilizada para enfatizar essa dúvida é: "Vigiai, portanto, porque não sabeis nem o dia nem a hora" (Mateus, 25: 13).

4.2.2 A visão das epístolas de Paulo

Schreiner e Dautzenberg (2004) afirmam que, após a salvação do mundo já estar historicamente decidida pela morte na cruz e pela ressurreição de Jesus, é chegado o tempo do fim. Portanto, com o envio do Espírito Santo à comunidade reunida pelo Cristo ressuscitado, o povo sente que a salvação já está presente como penhor e se liga a Jesus de um modo novo: o mestre da Galileia é aguardado como o consumador da salvação, como o salvador vindo do céu.

É unânime entre os estudiosos a afirmativa de que o texto mais antigo do Novo Testamento é a Primeira Epístola aos Tessalonicenses. Schreiner e Dautzenberg (2004, p. 390) têm a opinião de que, com base no esquema formal da pregação missionária, resumido no trecho de I Tessalonicenses 1: 9, podemos afirmar que a comunidade que Paulo fundou na sua segunda viagem missionária concentra sua atenção na espera de Jesus, na qualidade de ressuscitado, exaltado e salvador escatológico. Por isso, Paulo inicia sua carta recordando à comunidade sua condição de conversos dos ídolos a Deus, considerando ser ela uma comunidade chamada para servir ao Deus vivo e verdadeiro que aguarda o seu Filho lá dos céus. Para o apóstolo, a comunidade é a esperança diante de Jesus Cristo, que terá uma vinda imprevisível e, assim, o espera com o apóstolo. Contudo, a morte de alguns membros preocupa a comunidade (I Tessalonicenses, 2: 19; 3: 13; 5: 2).

É por esse motivo que, a partir do trecho compreendido em I Tessalonicenses, 4: 13-18, o apóstolo procura tratar das preocupações daquela comunidade: Qual será a sorte daqueles que morrem antes da parusia? E a salvação, como se dará? Será que os mortos em Cristo estão em desvantagem em relação aos salvos em Cristo que ainda vivem "na carne"? Paulo leva, por meio de sua carta, uma mensagem leniente à comunidade pela rápida descrição do colorido apocalíptico (Schreiner; Dautzenberg, 2001).

Em primeiro lugar, comentam Schreiner e Dautzenberg (2004), Paulo traz à memória dos Tessalonicenses o seu credo: a certeza de que a morte e a ressurreição de Jesus fundamentavam toda a sua esperança. Dessa forma, a comunidade de Tessalônica não devia se afligir, como aqueles que não eram cristãos. Estes não têm esperança por não crerem na obra salvífica de Deus levada a cabo por intermédio de seu filho Jesus. Os que creem, lembra o apóstolo, podem esperar com a certeza de que Deus levará com Jesus aqueles que nele morrem para estarem para sempre com o Senhor. Para os vivos, assim como para os mortos, a consumação da salvação na parusia consiste em serem levados para estarem com Jesus Cristo. Portanto, os mortos serão previamente ressuscitados, e a ressurreição deverá acontecer antes para que os vivos sejam arrebatados junto com os ressuscitados. Isso deve levar conforto à comunidade e, para isso, Paulo faz uma afirmação profética amparada na autoridade do Senhor:

> Irmãos, não queremos que ignoreis o que se refere aos mortos, para não ficardes tristes como os outros que não têm esperança. Se cremos que Jesus morreu e ressuscitou, assim também os que morreram em Jesus, Deus há de levá-los em sua companhia. Pois isto vos declaramos, segundo a palavra do Senhor: que os vivos, os que ainda estivermos aqui para a Vinda do Senhor, não passaremos à frente dos que morreram. Quando o Senhor, ao sinal dado, à voz do arcanjo e ao som da trombeta divina, descer do céu, então os mortos em Cristo ressuscitarão primeiro; em seguida nós, os vivos que estivermos lá, seremos arrebatados com eles nas nuvens para o encontro com o Senhor, nos ares. E assim, estaremos para sempre com o Senhor. Consolai-vos, pois, uns aos outros com estas palavras. (I Tessalonicenses, 4: 13-18)

Os textos bíblicos por vezes fazem uso de algumas imagens apocalípticas para dar certo colorido plástico ao evento escatológico[19].

---
19 Trata-se de imagens que, em comparação com as difusas divagações do Apocalipse, são surpreendentemente sóbrias. Veja Schreiner e Dautzenberg (2004, p. 391).

A descida do Senhor do céu é então descrita com as circunstâncias de uma grandiosa teofania (I Tessalonicenses, 4: 16; Êxodo, 19: 16-20). Para o consolo da comunidade da Tessalônica, Paulo sugere pressentir o som jubiloso do dia da salvação (Schreiner; Dautzenberg, 2004). Mesmo sendo essa a primeira vez que, no Novo Testamento, a ressurreição dos mortos seja tratada, ela não significa, contudo, a ressurreição como pensamos, mas na ressurreição somente dos cristãos mortos antes da parusia, constituindo-se, portanto, uma exceção concedida aos fiéis.

Se a comunidade de Tessalônica precisava de um conforto, a comunidade de Corinto precisava de uma exortação. Esta parecia correr o risco de esvaziar pelo entusiasmo a tensão escatológica entre o presente e o futuro salvíficos. Segundo Schreiner e Dautzenberg (2004), Paulo vê na afirmação de que não há ressureição dos mortos a negação absoluta de que "Cristo ressuscitou dos mortos" (I Coríntios, 15: 12). Dessa maneira, não há como se falar da *salvação*. O apóstolo dedica todo o capítulo 15 de sua Primeira Epístola aos Coríntios para tratar do tema da ressurreição escatológica de Cristo. Nesse capítulo, o destaque do caráter escatológico da ressurreição dos mortos pela diferença temporal tem por finalidade recordar aos coríntios que a consumação da salvação ainda está por se realizar.

Na Primeira Epístola aos Tessalonicenses (4: 15-17; 5: 2, 4) Paulo espera que experimentará ainda durante os dias de sua vida a parusia, ou seja, o advento do Senhor no fim dos tempos. Isso também ocorre na Primeira Epístola aos Coríntios, na qual ele escreve que "o tempo se faz curto" (I Coríntios, 7: 29) e "num instante, num abrir e fechar de olhos, ao som da trombeta final; sim, a trombeta tocará, e os mortos ressurgirão incorruptíveis, e nós seremos transformados"

(I Coríntios, 15: 52). Kümmel (2003, p. 185) menciona que as epístolas aos coríntios, aos gálatas e aos colossenses tratam do vindouro dia do Senhor, da aparição do Senhor, da futura ressurreição dos mortos e de que no futuro os cristãos herdarão o reinado de Deus (II Coríntios, 1: 14; 4: 14; Gálatas, 6: 9; Colossenses, 3: 4), sem, contudo, explicitar completamente a proximidade temporal desses eventos escatológicos. Já na Epístola aos Filipenses, que ainda não foi datada com segurança, o apóstolo escreve: "O Senhor está próximo" (Filipenses, 4: 5).

Kümmel (2003, p. 290) assim resume a visão escatológica de Paulo: "Quando o Cristo aparecer com todos os seus anjos vindo do céu, todos os poderes e potestades juntamente com Satanás e a morte como última inimiga serão aniquilados". Assim, a expectativa do apóstolo é de que a volta de Cristo em glória acabe de vez com os poderes que permaneceram mesmo com a vida, a morte e a ressurreição da primeira vinda de Cristo.

Síntese

Neste capítulo, discutimos a escatologia conforme ela é apresentada nos textos do Novo Testamento. Ao tratarmos dos evangelistas sinópticos, percebemos que eles revelam em suas narrativas a presença de uma tensão escatológica nos discursos de Jesus, mesmo que em fase inicial. Isso se deve ao fato de que os ensinamentos de Jesus demonstram tanto a proximidade das últimas coisas quanto a incerteza sobre o tempo em que elas virão. Por isso, os autores dos evangelhos destacam a necessidade de se levar uma vida de prontidão.

Já nas epístolas de Paulo, verificamos que em seu tempo havia estranheza a respeito do entendimento da ressurreição de Cristo. Comentamos que a Primeira Epístola aos Tessalonicenses é o documento mais antigo do Novo Testamento e que Paulo a utilizou para discutir dúvidas concernentes a alguns temas escatológicos, confortando o coração da comunidade da Tessalônica e, por conseguinte, de todos os cristãos no decorrer dos séculos.

Questões de revisão

1. Escreva o que significa a expressão *dia do Senhor*.

2. Cite quais são os principais pontos da escatologia presentes nos evangelhos.

3. A que se relaciona o tema *dia do Senhor*?
    a) Ao dia do derramamento do Espírito Santo.
    b) Ao dia da destruição de Jerusalém predita por Jesus.
    c) Ao dia da vinda do Filho do Homem.
    d) A determinado período da história.

4. A escatologia do Novo Testamento apresenta uma tensão entre duas vertentes que apontam para a sua característica mais proeminente, o julgamento. Qual das alternativas a seguir retrata essa característica?
    a) Deus julgará a todos, bons e maus, e com seu amor perdoará a todos.
    b) Deus recompensará os bons e os fiéis e punirá os ímpios.
    c) Deus julgará somente os gentios, pois os judeus terão um tratamento diferente.
    d) Deus julgará somente os judeus por terem rejeitado a Cristo, enquanto os gentios receberão um tratamento diferenciado

5. Após o evento da morte de Cristo na cruz:
   a) a salvação do mundo foi historicamente decidida.
   b) chegou o tempo do fim.
   c) deu-se a condição para o envio do Espírito Santo.
   d) Todas as alternativas anteriores estão corretas.

Questões para reflexão

1. O que você compreende a respeito do *Hades*, da *Geena* e do *Xeol*?

2. Escreva, de forma resumida, o que você entendeu sobre a visão escatológica das epístolas de Paulo.

3. Como você percebe a importância da expectação da volta de Cristo para o cristianismo contemporâneo?

capítulo cinco

Eclesiologia

05

Quando iniciamos uma pesquisa sobre a eclesiologia, área da teologia cristã que se ocupa em estudar a instituição da **Igreja**, deparamos com o problema de escolher quais fontes consultar, isto é, definir quais documentos seriam as bases fundamentais para o desenvolvimento de uma **teologia da Igreja**.

De acordo com Goppelt (2002), há certo silêncio nas fontes judaicas, as quais, ao que parece, nada relatam a respeito dos grupos de seguidores de Jesus que se formaram após a sua morte. O mesmo acontece no que diz respeito à pessoa de Jesus. Isso significa que, para tratar da comunidade eclesiástica, dependemos exclusivamente de fontes cristãs, ou seja, precisamos recorrer aos primeiros documentos literários do cristianismo primitivo.

Neste capítulo, analisaremos como se desenvolveu o conceito de Igreja por meio das vozes e das tradições do Novo Testamento e discutiremos como a Igreja de Cristo é descrita nos textos bíblicos e como se faz conhecida no mundo.

5.1 Designações da Igreja de Cristo

É grande o número de expressões e de termos que designam a ideia de Igreja de Cristo no Novo Testamento. Antes de compreendermos algumas delas, é importante entendermos o significado da expressão *em Cristo*.

Na Segunda Epístola aos Coríntios, por exemplo, Paulo escreve que "Se alguém está **em Cristo**, é nova criatura. Passaram-se as coisas antigas; eis que se fez uma realidade nova" (II Coríntios, 5: 17, grifo nosso). A expressão *em Cristo* é um meio empregado por Paulo para indicar que os que creem em Cristo e nele são batizados pertencem à nova humanidade criada no fim dos tempos. Segundo Alan Richardson[1] (1966, p. 249), essa nova humanidade constitui "a personalidade coletiva de Cristo, a 'natureza humana', que na ascensão foi conduzida ao trono de seu Pai no céu".

A expressão em Cristo é um meio empregado por Paulo para indicar que os que creem em Cristo e nele são batizados pertencem à nova humanidade criada no fim dos tempos.

A evocação da expressão *em Cristo* abre espaço para a compreensão de outras expressões comumente utilizadas para qualificar a Igreja, com o objetivo de demonstrar a realidade da comunhão universal de todos os cristãos, como *Igreja de Deus, Israel de Deus, corpo de Cristo, verdadeira videira, casa espiritual, família de Deus, Igreja una*, entre outras. A seguir, apresentamos algumas dessas expressões, ressaltando, porém, que existem ainda diversas outras designações que podem reforçar o conceito de comunhão universal dos cristãos[2].

---

1 Alan Richardson (1905-1975) foi professor de Teologia Cristã na Universidade de Nottingham, na Inglaterra.
2 Para um estudo mais aprofundado, veja Richardson (1966, p. 241-288).

5.1.1 A Igreja de Deus

O termo *igreja* provém do grego *ekklēsia*, "no sentido de 'assembleia por convocação, assembleia do povo, [...] assembleia de fiéis, lugar de reunião ou de uma assembleia, igreja'" (Houaiss; Villar; Franco, 2009), e no Novo Testamento é apenas uma dentre as inúmeras expressões empregadas para designar o novo povo de Deus.

Dependendo da versão da Bíblia consultada, podemos encontrar os termos *igreja, assembleia, congregação*, entre outros, todos com o mesmo sentido. Richardson (1966, p. 283) argumenta que o termo *igreja* só aparece uma vez no Novo Testamento com o sentido de "igreja no céu", na seguinte passagem da Epístola aos Hebreus: "Mas chegastes ao monte Sião, e à cidade do Deus vivo, à Jerusalém celestial, e aos muitos milhares de anjos; À universal assembleia e **igreja** dos primogênitos, que estão inscritos nos céus, e a Deus, o juiz de todos, e aos espíritos dos justos aperfeiçoados" (Bíblia. Hebreus, 1994, 12: 22-23, grifo nosso)³.

> *A evocação da expressão em Cristo abre espaço para a compreensão de outras expressões comumente utilizadas para qualificar a Igreja, com o objetivo de demonstrar a realidade da comunhão universal de todos os cristãos.*

No grego, conforme explica Richardson (1966, p. 283), a palavra *ekklēsia* não tem um sentido religioso. Ela traduz, na versão da Septuaginta, o termo hebraico *qahal*, "congregação". Esse termo adquire conteúdo religioso ao se juntar ao nome de Deus, *qahal Yahweh*, "a congregação do Senhor" (Richardson, 1966, p. 283),

---

3 Na Bíblia de Jerusalém, essa passagem está escrita desta forma: "Mas vós vos aproximastes do monte Sião e da Cidade do Deus vivo, a Jerusalém celestial, e de milhões de anjos reunidos em festa, e da **assembleia** dos primogênitos cujos nomes estão inscritos nos céus, e de Deus, o Juiz de todos, e dos espíritos dos justos que chegaram à perfeição" (Hebreus, 12: 22-23, grifo nosso).

ou seja, o povo de Israel reunido diante do Senhor. A Septuaginta traduz *qahal* por *ekklēsia* muitíssimas vezes, sendo que, em algumas delas, o termo foi transposto para *assembleia*.

Além disso, a Septuaginta utiliza a palavra *synagogué* para traduzir *qahal* em diversas passagens. Da mesma forma que *qahal*, o termo *synagogué* não é propriamente religioso, podendo descrever qualquer tipo de reunião[4]. Dessa forma, conclui Karl Ludwig Schmidt[5] (citado por Richardson, 1966, p. 284, grifo do original) que

> foram os cristãos judeus de língua grega, mesmo antes da época de São Paulo, os primeiros a empregar o termo ekklesía. Escolheram-no para diferenciar suas comunidades das synagogái *judaicas em cada cidade; essas não se chamavam de* ekklesíai *na linguagem comum; era, porém, uma palavra encontrada pelos cristãos em suas Bíblias (gregas) dando-lhes exatamente o de que precisavam – um termo que sugerisse ser agora a Igreja de Cristo a verdadeira* qahal Javé.

Portanto, a **Igreja de Deus** se manifestava localmente nas primitivas congregações cristãs (Richardson, 1966).

---

4   Como exemplo, Richardson (1966) menciona as seguintes passagens do Antigo Testamento: Salmos, 22: 16; 68: 30. Segundo esse autor, no Novo Testamento, o termo aparece nos quatro evangelhos, no livro dos Atos dos Apóstolos e no livro do Apocalipse – neste último, como "sinagoga de Satanás" (Apocalipse, 2: 9; 3: 9). Na Epístola de São Tiago (2: 2), parece haver o único exemplo no Novo Testamento "do uso de *synagogué* para descrever o local da reunião cristã" (Richardson, 1966, p. 283).

5   Karl Ludwig Schmidt (1891-1956) foi um teólogo e professor alemão do Novo Testamento em universidades da Alemanha e na Universidade de Basileia, na Suíça.

5.1.2 O corpo de Cristo

O sentido da expressão **corpo de Cristo** relacionado à Igreja é compreensível quando levamos em conta a concepção de Richardson (1966, p. 253), para o qual "Cristo é 'um' que inclui em seu corpo ressurreto 'muitos' [...] uma personalidade coletiva". Para os hebreus, *corpo* designa o ser de cada pessoa, ou seja, a sua personalidade. Dessa forma, quando lemos na Epístola aos Romanos: "Exorto-vos, portanto, irmãos [...] a que ofereçais vossos corpos como hóstia viva" (Romanos, 12: 1), devemos entender a expressão *vossos corpos* no sentido de plenitude, o "ser inteiro" de cada um. Portanto, podemos considerar a expressão c*orpo de Cristo* como referência ao próprio Cristo.

Cristo é apresentado, pois, como a cabeça de um corpo cujos membros são todos os cristãos. Contudo, mesma sendo a cabeça já perfeita, o corpo caminha em seu processo de edificação, até que alcance "o estado de Homem Perfeito" (Efésios 4: 13).

Dessa forma, o conceito de **Igreja como corpo de Cristo** representa "a ideia hebraica de **um** e de **muitos**" (Richardson, 1966, p. 253, grifo nosso), isto é, da mesma forma que um "israelita individual era membro de Israel [...] o cristão individual é membro de Cristo" (Richardson, 1966, p. 253). A diferença, de acordo com Richardson (1966), é que o primeiro alcançava tal posição por meio da circuncisão tradicional, enquanto o segundo, pelo batismo em Cristo: "essa é a circuncisão de Cristo" (Colossenses, 2: 11).

Paulo amplia e aprofunda em muito o conceito de *corpo de Cristo* referindo-se à Igreja. É por meio do seu desenvolvimento que compreendemos a relação comunitária entre os diversos membros da **Igreja Universal** – considerando-a no sentido de uma única igreja espiritual existente desde a vinda do Espírito Santo, no dia de Pentecostes. Paulo aplica o mesmo conceito às igrejas gentílicas.

Uma leitura atenta do apóstolo dos gentios traz à luz o entendimento de que um corpo é sempre um único corpo e que as partes que o compõem são sempre seus membros ou seus órgãos, e nunca outros corpos existentes de forma independente. Diante disso, todos os membros do corpo, por mais que sejam muitos, formam **um só corpo**; por conseguinte, os cristãos, em sua totalidade, desde os tempos apostólicos até os dias de hoje, em todos os tempos e em todos os lugares, compõem apenas um único corpo de Cristo (I Coríntios, 12: 12-30). Richardson (1966, p. 254) afirma que "Os cristãos são batizados nesse corpo único de Cristo, judeus e gregos, escravos e livres, bebendo todos de um mesmo Espírito". É assim que Paulo compreende o fato de que os cristãos encontram unidade e irmandade no corpo de Cristo; eles gozam da comunhão do Espírito Santo porque são um só em Cristo, mesmo exercendo diversas funções – na mesma quantidade que os dons do Espírito (I Coríntios, 12: 13; 12: 4-11; II Coríntios, 13: 14). Nessa metáfora, Cristo é apresentado, pois, como a cabeça de um corpo cujos membros são todos os cristãos. Contudo, mesma sendo a cabeça já perfeita, o corpo caminha em seu processo de edificação, até que alcance "o estado de Homem Perfeito" (Efésios, 4: 13).

5.1.3 A verdadeira videira

Outra expressão que remonta aos ensinamentos de Jesus está presente na alegoria da videira e dos ramos, encontrada no Evangelho de João (15: 1-8, 16). Trata-se da figura da **verdadeira videira**, para representar Cristo, e seus ramos, para representar o povo de Israel. Essa ideia já aparecera no Antigo Testamento, quando Israel era apresentado como uma videira, uma oliveira ou uma figueira.

De acordo com John Henry Bernard[6] (citado por Richardson, 1966, p. 257),

> onde quer que Israel seja representado pela videira, lamenta-se sua degenerescência e prediz-se a destruição [...]. Os sinóticos relatam passagens em que Jesus teria empregado esse simbolismo do AT [Antigo Testamento] de vinhas e videiras [...]. Qualquer um entenderia nos dias de Jesus a comparação de Israel com uma videira; Israel era simbolizado por uma videira nas moedas dos governadores Macabeus. A força do ensino de Jesus estava em dizer que Israel era uma videira (ou vinha) quase infrutífera, apesar do cuidado amoroso de Deus.

Quando Jesus diz "Eu sou a verdadeira videira e meu Pai é o agricultor" (João, 15: 1), ele está afirmando que ele mesmo, e não Israel, é a videira plantada por Deus. Com isso, João declara em seu evangelho que Deus rejeita as vinhas de Israel, e que Cristo é a verdadeira videira em comparação com aquela do Antigo Testamento (Richardson, 1996). Cristo é, dessa forma, o novo e o verdadeiro Israel, mantendo, contudo, seu caráter coletivo: "Eu sou a videira e vós os ramos" (João, 15: 5).

No Evangelho de João, de forma semelhante aos textos de Paulo, vemos novamente o ensinamento de que os cristãos encontram em Cristo a unidade e a irmandade, dessa vez por serem os ramos que fazem parte da verdadeira videira. João ainda relata que os ramos produzem frutos por receberem sua vida da mesma e única videira; enquanto isso, os que se quebram serão queimados (João, 15: 5-6). Esta é a doutrina essencial da Igreja: cada discípulo, individualmente, recebe o verdadeiro sangue de Cristo que dá vida, e todos participam do mesmo sangue.

---

6 John Henry Bernard (1860-1927), considerado um erudito em várias disciplinas (história, teologia e filosofia), foi arcebispo em Dublin da Igreja da Irlanda.

Richardson (1966, p. 258, grifo do original) acrescenta que "A alegoria da Videira entra num discurso de Jesus sobre o tema de *ágape*[7] [...], que dela decorre, pois no NT [Novo Testamento] a experiência cristã de *ágape* resulta de ser o homem tomado na unidade da divindade por meio de incorporação em Cristo". Assim, cada cristão participa do *ágape* e Deus o trata como filho por ser parte do corpo crucificado e ressuscitado do seu filho (Richardson, 1966).

5.2 A Igreja primitiva

Pelos relatos do Novo Testamento, parece-nos que Jesus considera que seus discípulos formam o núcleo do novo Israel, aquele que aceitou a proclamação do Reino de Deus, o que dá a esse grupo a condição de verdadeiro povo de Deus. Cristo mostra a intenção de trazer sua igreja à existência, sendo que esta reconhece, ao mesmo

---

7 "Vem do grego **agapao** amar; ou de **agape**, amor: 1. Usado para designar uma 'festa de amor', uma refeição comum para promover a fraternidade cristã, associada à antiga prática, à Ceia do Senhor do protestantismo e à eucaristia do catolicismo romano. Comemora o sacrifício de amor realizado por Cristo e a intensa expectação por Seu retorno. Há decisivas indicações no Novo Testamento de que o 'agape' consistia em uma refeição completa, tomada antes do partir do pão e do beber do vinho (Ver Atos 2:42-47; 20:6-12; I Cor. 11:17-34). Paulo descreve abusos de glutonaria e excesso de vinho, ou de negligência quanto aos pobres, enquanto os membros abastados da igreja se empanturravam. Tais abusos levaram à recomendação de que a refeição fosse evitada, com a passagem do tempo; e também que cada pessoa deveria tomar a própria refeição em casa. Essa tornou-se a regra na prática da Igreja posterior. Na maioria das denominações, a participação no pão e no vinho, em pequenas doses, passou a representar o holocausto de Cristo e a expectativa por Seu retorno. Pelos fins do século VII D.C., parece haver cessado, quase universalmente, qualquer refeição separada associada à eucaristia" (Champlin, 2013a, p. 73, grifo do original).

tempo, sua condição de agência proclamadora do Reino de Deus no mundo e o caráter messiânico de Jesus.

5.2.1 Raízes judaicas

Vemos que nem Jesus nem seus discípulos constituíram uma sinagoga separada, tampouco iniciaram um movimento à parte do judaísmo. É facilmente verificável nos textos do Novo Testamento que, apesar do conflito com os líderes judeus, Jesus e seus discípulos, mesmo depois da morte dele, não romperam seus laços com o templo e a sinagoga. Pelo contrário, "Seus discípulos formaram uma comunhão aberta dentro de Israel, cuja única marca externa e característica era o seu discipulado com relação a Jesus" (Ladd, 2001, p. 323).

Após a morte e a ressurreição de Jesus Cristo, seus discípulos originais juntaram-se a outros e formaram um grupo de cento e vinte pessoas que seguiram a orientação do próprio Cristo de "que não se afastassem de Jerusalém, mas que aguardassem a promessa do Pai, 'a qual, disse ele, ouvistes de minha boca: pois João batizou com água, mas vós sereis batizados com o Espírito Santo dentro de poucos dias'. [...] [e] 'recebereis uma força, a do Espírito Santo que descerá sobre vós, e sereis minhas testemunhas em Jerusalém, em toda a Judéia e a Samaria, e até os confins da terra'" (Atos, 1: 4-5, 8).

Dessa forma, destacamos que os discípulos continuaram a adorar a Deus nos moldes judaicos (Atos, 2: 26) e, conforme afirma Ladd (2001, p. 328), "sem dúvida, 'as orações' incluíam as orações judaicas regularmente estabelecidas". Essa compreensão de que os primeiros cristãos não romperam com as práticas judaicas é facilmente atestada pela reação da população descrita em algumas passagens do livro dos Atos dos Apóstolos (2: 47; 5: 13)[8].

5.2.2 O dia do Pentecostes

Conforme vimos anteriormente, o relato da descida do Espírito Santo sobre os discípulos é fundamental para interpretarmos a missão de Jesus como um todo e, especialmente, para compreendermos o início da pregação da sua Igreja.

Segundo afirma Ladd (2001, p. 324):

> No dia do Pentecostes, algo maravilhoso aconteceu: os discípulos exprimentaram [sic] uma visitação divina, acompanhada de certas manifestações visíveis e audíveis, que convenceu-os [sic] de que Deus enviara o seu santo Espírito sobre eles. Os profetas tinham previsto um dia quando Deus derramaria de seu Espírito sobre todo o seu povo, não apenas sobre os líderes designados – reis, sacerdotes e profetas. Esta dádiva resultaria num reavivamento do espírito profético e da revelação (Joel 2:28,29). Da forma como Joel a colocou, esta dádiva do Espírito é um evento escatológico, pertencente ao dia quando Deus finalmente redimiria o seu povo Israel congregando-os no seu Reino. Por esta razão, [esse dia] é associado com o Dia do Senhor, que será igualmente um dia de julgamento e de salvação (Joel 2:30-32).

A mesma tendência foi seguida por diversos profetas do Velho Testamento. A vinda do Espírito Santo era, pois, um conceito que já vinha de longa tradição no pensamento judaico, desde Amós, que apontava para o "dia de Iahweh" (Amós, 5: 18).

---

8   É importante lembrarmos que, nesse momento, os discípulos ainda não conheciam o termo *cristão*.

O livro dos Atos dos Apóstolos constitui uma das principais fontes para o estudo da Igreja primitiva. No início, as reuniões dos seguidores de Cristo não aconteciam em locais públicos. Os primeiros discípulos, conforme mencionamos anteriormente, permaneceram em Jerusalém reunindo-se entre si somente, aguardando o cumprimento da promessa de Jesus. Após a descida do Espírito Santo, eles realizaram o primeiro anúncio em público.

Para Goppelt (2002), as primeiras pregações de Pedro registradas no livro dos Atos dos Apóstolos foram formuladas por Lucas com base no texto da Septuaginta. Isso, afirma o autor, pode ser deduzido pelo estilo dos discursos de Pedro encontrados no livro do Novo Testamento. Parece que Lucas, à maneira de qualquer historiador da Antiguidade, ao redigir o seu segundo livro, preferiu elaborá-lo baseando-se nas tradições para testemunhar em seu favor. É por isso que seus esquemas seguem a forma do anúncio primitivo apresentado na Primeira Epístola aos Coríntios (15: 3-5), por exemplo.

Deixando de lado as questões literárias e seguindo na busca por uma eclesiologia da Igreja primitiva, observamos que, em relação às ações reservadas estritamente à Igreja, a primeira delas aparece no discurso inicial de Pedro. O alvo do testemunho do apóstolo, mesmo no contexto escatológico, parece ter sido, desde o início, o batismo. É claro que a exigência do batismo precede a descida do Espírito Santo, no entanto, o que se dá é que, mesmo após o evento ocorrido no dia do Pentecostes, a exigência inicial da comunidade apostólica ou do núcleo dos discípulos de Jesus é a realização do batismo[9] (Goppelt, 2002).

---

9   Veja Atos, 2: 38, 41; 8: 12, 36, 38; 9: 18.

Salientamos que a Igreja recebia em sua comunhão todos os que se arrependessem dos seus pecados, aceitassem a proclamação de Jesus Cristo como o Messias esperado e recebessem o batismo nas águas. A prática de João Batista, seguida pelo próprio Jesus, foi continuada e incorporada à primeira ação visível por parte dos apóstolos. Depois que Jesus foi reconhecido como o Senhor ressuscitado e exaltado, argumenta Ladd (2001), o batismo tornou-se o sinal visível de admissão à comunhão cristã, e os crentes passaram a ser batizados "em nome de Jesus Cristo" (Atos, 2: 38). É interessante observarmos que nenhum intervalo de tempo significativo decorria entre os atos de *crer em Cristo* e o *batismo*, evidente no dia do Pentecostes.

O batismo por imersão[10] pregado por João Batista era a pregação da "meia-volta" (Kümmel, 2003, p. 47). Para esse autor, a palavra aramaica que se traduz para o português como "arrependimento" é um erro, pois ela designa, na verdade, "uma mudança de rumo, o abandono do caminho falso e um trilhar decidido no caminho certo" (Kümmel, 2003, p. 47). Isso pode ser percebido nas exigências concretas que João Batista fez a certas profissões, como descreve Lucas (3: 10-14), e na figura da árvore que deve produzir bons frutos, como relata Mateus (3: 10). Essas exigências deixam clara a ideia de que João Batista vê, "na decidida mudança em direção da concretização da vontade de Deus, o caminho da salvação diante do

---

10 Podemos afirmar que a expressão *batismo por imersão* é uma redundância, já que, de acordo com Goppelt (2002), a palavra *batismo* deriva do grego *baptizein* (*baptisma*), que significa "mergulhar". Esse termo provém da época em que foi elaborada a Septuaginta, na qual ele substitui "o termo tabal (tebila) que se torna, em época judaica, termo técnico para os banhos religiosos de imersão através dos quais é provocada a purificação" (Goppelt, 2002, p. 262).

Eclesiologia

juízo que já está iniciando" (Kümmel, 2003, p. 47). Mesmo assim, não podemos ver no batismo um mero ritualismo antigo; Jesus mesmo não chama as pessoas apenas ao arrependimento, mas provoca a concretização deste por meio do seu discipulado pessoal. Portanto, "na situação posterior à páscoa, o ato simbólico universal do batismo substitui corretamente a vocação ao discipulado que está restrito a poucas pessoas" (Goppelt, 2002, p. 264).

O passo seguinte ao batismo é a automática integração dos convertidos na comunidade eclesiástica. Um dos elementos mais admiráveis na vida da Igreja primitivas é que nela havia um senso de comunhão. O Novo Testamento registra que os convertidos "mostravam-se assíduos ao ensinamento dos apóstolos, à comunhão fraterna, à fração do pão e às orações" (Atos, 2: 42). Outros relatos do livro dos Atos dos Apóstolos (por exemplo, Atos, 2: 44, 47) demonstram a qualidade dessa comunhão, da mesma forma que aponta Ladd (2003), pois esse era o aspecto comum das primeiras assembleias cristãs.

Portanto, podemos afirmar que os primeiros cristãos estavam conscientes de sua união uns aos outros[11] por todos estarem unidos a Cristo. Eles eram o povo do juízo final não somente por terem sido chamados a participar da herança do reino escatológico de Deus mas também porque haviam provado as bênçãos da era messiânica. Ser *crente* significava participar com os demais da vida presente e pertencer ao futuro, ou seja, ser um crente era "estar na *ekklēsia*" (Ladd, 2001, p. 328).

---

11 A própria expressão *uns aos outros* é repetida várias vezes nas páginas do Novo Testamento, sempre trazendo a ideia de *mutualidade*.

5.2.3 A comunhão da Igreja

Os tópicos que apresentamos anteriormente, sobre a Igreja primitiva, podem ser mais bem entendidos quando analisamos o conceito da **comunhão cristã**. Podemos perceber que, se a Igreja é o corpo de Cristo, ela é de fato de Deus, e não dos homens, nem mesmo daqueles que dela fazem parte. Sendo Deus seu criador, ela foi e continua sendo criada apenas por ele. Não foram homens quem a fundaram. Da mesma forma, não se pode fundar uma nova Igreja: "Quanto ao fundamento, ninguém pode colocar outro diverso do que foi posto: Jesus Cristo" (I Coríntios, 3: 11).

Portanto, deve ficar claro aos fiéis que só pode haver uma Igreja, pois só há um Cristo, um só corpo de Cristo e um só Espírito Santo. Cristo não pode ser ou estar dividido. Também não pode haver dois ou mais corpos, ou seja, não existem duas ou mais Igrejas.

Ressaltamos que, embora o plural de *ekklēsia*, *ekklesiai*, ocorra muitas vezes no Novo Testamento grego, ele sempre tem como sentido o plural de *distribuição* e refere-se, portanto, às igrejas locais de Corinto, Filipo, Éfeso e às demais que existiam naquela época (Richardson, 1966).

> *Deve ficar claro aos fiéis que só pode haver uma Igreja, pois só há um Cristo, um só corpo de Cristo e um só Espírito Santo. Cristo não pode ser ou estar dividido. Também não pode haver dois ou mais corpos, ou seja, não existem duas ou mais Igrejas.*

Infelizmente, hoje podemos dizer que essa unidade talvez seja apenas parcialmente alcançada pela Igreja. Aulén (1965) argumenta que ela tem sido escondida e prejudicada pelos diversos cismas e pelas diversas lutas que enfrentou. Dessa forma, um dos deveres inadiáveis da Igreja atual é romper com as diferenças e realizar – ou concretizar –, de modo cada vez mais pleno, a união efetiva inerente a ela mesma, que é a comunhão no Espírito Santo.

5.2.4 Paulo e a Igreja comunitária

Ladd (2003, p. 721) chama a nossa atenção para o uso que Paulo faz do termo grego *ekklēsia*. Para Paulo, esse termo pode tanto designar um encontro de cristãos para adoração (I Coríntios, 11: 18; 14: 19) quanto ser entendido simplesmente como "na igreja". No entanto, o apóstolo nunca usa a palavra *ekklēsia* para se referir a uma *construção*, mas a uma assembleia dos santos reunida para adoração ou culto. Dessa forma, *ekklēsia* pode designar tanto os crentes reunidos em uma casa particular ou em uma igreja (Romanos, 16: 5; I Coríntios, 16: 19; Colossenses, 4: 15; Filemon, 1: 2) quanto a totalidade de crentes que vivem em um lugar, como as cidades de Cencreia (Romanos, 16: 1), Galácia (Gálatas, 1: 2, 22) e Laodiceia (Colossenses, 4: 16).

Se há uma característica da Igreja que o apóstolo Paulo deixa de forma bastante clara é a realidade da **unicidade da Igreja**. É dele o texto que afirma: "Há um só Corpo e um só Espírito, assim como é uma só a esperança da vocação a que fostes chamados; há um só Senhor, uma só fé, um só batismo; há um só Deus e Pai de todos, que é sobre todos, por meio de todos e em todos" (Efésios, 4: 4-6).

Para Paulo, a unidade indestrutível em Cristo e em seu Espírito manifesta-se no Evangelho confiado à Igreja, pelo qual ela é edificada. A referência ao Evangelho como fundamento da unidade cristã implica que, mesmo que homens pervertam e causem cismas, prejuízos e destruições, o Evangelho permanece. Ele não pode ser mudado ou transformado em algo diferente, pois "Fiel é esta palavra e digna de toda aceitação" (I Timóteo, 1: 15), constituindo, dessa forma, o portador da unidade da Igreja cristã (Aulén, 1965).

A Igreja, no pensamento paulino, também é universal. Isso se deve à realidade de que a obra consumada por Cristo é universal, "Pois era Deus que em Cristo reconciliava o mundo consigo, não imputando aos homens as suas faltas e colocando em nós a palavra da reconciliação" (II Coríntios 5: 19). A obra de Cristo, tanto a consumada quanto a continuada, é, portanto, de caráter universal. Segundo Aulén (1965, p. 295), isso pode ser visto claramente na "grande comissão", pela qual Jesus envia seus mensageiros para fazer discípulos em todas as nações.

Na teologia de Paulo, a atividade do Espírito Santo não se deixa levar por respeitos humanos: "Aí não há mais grego e judeu, circunciso e incircunciso, bárbaro, cita, escravo, livre, mas Cristo é tudo em todos" (Colossenses, 3: 11).

É por isso que Paulo se vê um tanto quanto horrorizado diante do surgimento de diferentes igrejas em Corinto: "cada um de vós diz: 'Eu sou de Paulo!', ou 'Eu sou de Apolo!', ou 'Eu sou de Cefas!' ou 'Eu sou de Cristo!'" (I Coríntios, 1: 12[12]). Se a Igreja dos batizados é a pessoa de Cristo, ela é, então, um corpo com muitos e variados órgãos, não podendo ser dois corpos. Qualquer um dos cristãos verdadeiros, reconhecendo ou não, é membro do corpo de Cristo e, portanto, "membros uns dos outros" (Efésios, 4: 25). Diante dessas verdades, Richardson (1966, p. 285) faz uma declaração perturbadora ao afirmar que "A verificação de nossa permanência 'em Cristo' se faz pela comprovação ou não de nossa comunhão com os demais cristãos".

Ainda de acordo com o pensamento paulino, a unidade do corpo é também ilustrada pela Ceia do Senhor. O apóstolo escreve que, "Já que há um único pão, nós, embora muitos, somos um só corpo, visto que todos participamos desse único pão" (I Coríntios, 10: 17). Segundo Ladd (2003, p. 731), Paulo utiliza a imagem de um pão cortado em pedaços e distribuído entre os adoradores para simbolizar

---

12 Veja também I Coríntios, 3: 5.

a unidade dos membros da Igreja. A unidade entre os participantes da Ceia do Senhor deve existir porque eles têm uma unidade anterior com Cristo. Portanto, beber do cálice é participar do sangue de Cristo e comer o pão é participar do corpo de Cristo[13].

5.2.5 O querigma escatológico

O querigma[14] (do grego *kerygma*[15]) primitivo concentrava-se na morte, na ressurreição e na exaltação de Jesus. A mensagem que a Igreja primitiva proclamou foi o destino de um homem real, Jesus de Nazaré. Segundo Ladd (2003, p. 471), "Este título aparece cinco vezes nos primeiros capítulos do livro de Atos e, além de Atos, somente ocorre nos Evangelhos".

No entanto, a ressurreição de Jesus introduziu uma nova era na história da humanidade, **a era messiânica**, que antecipava um

---

13 Para Ladd (2001, p. 506-507), "A questão de quão realisticamente estas palavras devem ser tomadas é bastante debatida. O cálice e o pão são de fato um memorial da morte de Cristo, e são usados em memória da morte de Jesus [...]. Mas comer e beber envolvem mais do que uma memória de um evento passado; também representam a participação do corpo e do sangue de Cristo, e, portanto, participação de seu corpo. [...] a Ceia do Senhor é mediadora da comunhão com Cristo, no mesmo sentido que o altar, no Velho Testamento, era o mediador da comunhão com Deus, e os sacrifícios a ídolos eram mediadores da comunhão com os demônios".

14 *Querigma* significa "cerne da mensagem cristã" ou "no Novo testamento, cada um dos trechos da tradição oral que reproduzem uma forma de proclamação religiosa" (Houaiss; Villar; Franco, 2009).

15 "No grego, essa palavra significa 'a coisa pregada', o que alude ao evangelho de Cristo. Está em foco a *proclamação* do evangelho. A palavra aparece por oito vezes no Novo Testamento, duas delas acerca da pregação de Jonas (Mat. 12:41 e Luc. 11:32). As outras seis ocorrências envolvem a proclamação do evangelho (Rom. 16:25; I Cor. 1:21; 2:4; 15:14; II Tim. 4:17 e Tito 1:7), onde [sic] são enfatizadas a morte e a ressurreição de Cristo, com todas as suas implicações teológicas" (Champlin, 2013c, p. 699, grifo do original).

evento futuro, o julgamento divino. A ressurreição dos mortos, de acordo com Ladd (2003, p. 473-474), "permanece um evento para o último dia, na ressurreição de Cristo esse evento escatológico já começou a ser revelado". Com isso, o autor argumenta que a "metade do caminho" já foi ultrapassada e que "A igreja primitiva achou-se vivendo numa tensão entre realização e expectação – entre 'já' e 'ainda não'" (Ladd, 2003, p. 474).

É necessário frisarmos que a mensagem última e urgente da Igreja é a verdade da reconciliação em Jesus Cristo. Essa mensagem, sendo urgente, deve ser breve e, ao mesmo tempo, conter a essência da mensagem apostólica e continuar a mensagem de Jesus. Por isso, ela deve contemplar:

- O anúncio de que o Reino dos Céus é chegado.
- A ideia de que Deus está para julgar o mundo.
- O esclarecimento de que a todos é dada a oportunidade de arrependimento dos pecados.
- A mudança de direção em seus caminhos.
- O batismo como declaração pública para adentrar "no corpo de Cristo".
- A perfeita comunhão com **todos** os membros do corpo.
- A bênção da participação da Ceia do Senhor como memorial e mediação para comunhão com Cristo.
- A proclamação da mensagem recebida.

Esse ciclo de receber e proclamar a mensagem deve ser a mola propulsora da Igreja enquanto aguarda a instauração definitiva do reinado de Cristo sobre tudo e sobre todos.

Ressaltamos que, para os cristãos, a Igreja é a criação do ato de Deus em Cristo e a comunhão criada pelo Espírito Santo. Assim, por ser divinamente criada, não pode se restringir a categorias sociológicas e só pode ser compreendida no contexto de uma fé autêntica, baseada na experiência de cada um de seus membros, que são portadores do Espírito Santo e pertencem à comunhão dos santos e dos fiéis em Jesus Cristo.

Sobre a comunhão que existia na Igreja primitiva, Donald Macpherson Baillie[16] (1964, p. 236-237) traça um retrato que revela a esperança dos fiéis em relação ao futuro:

> *Poucas semanas depois, na mesma cidade de Jerusalém, onde Jesus tinha sido condenado e crucificado, vemos a mais maravilhosa comunidade que o mundo jamais conhecera. Era formada pelos discípulos de Jesus, agora reunidos, e uma hoste de muitos outros que se ajuntaram a eles, vivendo na mais íntima e vívida irmandade e crescendo em número dia a dia, hora a hora: a Igreja de Cristo. De onde surgiu? [...] se tivéssemos perguntado a eles o que sucedera, teriam respondido que o seu Mestre não estava morto, mas vivo, e até mesmo presente com eles. Deus o havia conduzido em segurança através da morte e o ressuscitara, devolvendo-o a eles de modo invisível mediante o que chamavam de Espírito Santo, e isto os reunira em uma nova comunidade possuída de solidariedade maravilhosa que denominavam de "comunhão do Espírito Santo", a qual Deus usava para atrair outras pessoas. [...] Quebravam-se as barreiras entre os homens, e os membros do grupo amavam-se porque Deus os amara primeiro e os chamara de seu egocentrismo para a unidade de "um só corpo". Este é o Povo de Deus, o novo Israel, a Ecclesia, o Corpo de Cristo, a Igreja.*

Igreja de Deus, Israel de Deus, corpo de Cristo, verdadeira videira: entre as diversas expressões metafóricas que são utilizadas para

---

16 Donald Macherson Baillie (1887-1954) foi um importante teólogo escocês. Estudou em Edimburgo e depois em Marburgo. Foi professor na Univesidade Saint Andrews, na Escócia.

designar a Igreja de Cristo, todas dizem respeito à comunhão de um grupo de pessoas conclamadas a sair de si mesmas e deixar seu egocentrismo para tomar parte da unidade universal e eterna da fé cristã.

Síntese

Neste capítulo, discutimos várias questões relacionadas à eclesiologia. Comentamos que o entendimento de seus temas, principalmente nos textos de Paulo, considera a Igreja como uma continuação do povo de Deus. Dessa maneira, pudemos compreender que a comunidade fundada por Jesus Cristo e homologada pela vinda do Espírito Santo constitui um só "corpo".

Destacamos algumas expressões utilizadas para designar a Igreja de Cristo e demonstramos que elas representam, por meio de metáforas, a comunidade daqueles que creem em Jesus. Por meio dessas metáforas, evidenciamos não somente o conceito dessa comunidade, mas também a realidade de que ela é portadora do Espírito Santo e está intrinsecamente ligada a Deus por intermédio de Jesus Cristo.

Questões para revisão

1. Explique o que significa a expressão *corpo de Cristo*.

2. Quais são os pontos fundamentais para entendermos a Igreja primitiva?

3. Qual o significado da expressão *em Cristo*?
   a) A estreita união com Cristo.
   b) A união somente com aqueles aos quais Cristo se manifestou.
   c) A participação na Igreja de Cristo.
   d) As alternativas "a" e "b" estão corretas.

4. Qual foi o evento que fundou a Igreja de Cristo?
   a) A formação, por Jesus, do grupo apostólico.
   b) A reunião dos discípulos em torno de um mesmo ideal.
   c) A descida do Espírito Santo no dia do Pentecostes.
   d) Não houve um evento específico.

5. Em que se concentrava o querigma primitivo?
   a) Na morte de Jesus.
   b) Na ressurreição e na exaltação de Jesus.
   c) Na necessidade de arrependimento.
   d) Todas as alternativas anteriores são corretas.

Questões para reflexão

1. Descreva o que podemos entender como a *comunhão no corpo de Cristo*.

2. Neste capítulo, demonstramos que a Igreja tem uma missão de proclamação, a *missão querigmática*. Em sua opinião, de que diferentes maneiras a Igreja pode e deve cumprir essa missão?

3. Qual a importância do dia de Pentecostes na história da igreja primitiva?

capítulo seis

Teologia antropológica e vida cristã

06

No decorrer dos séculos, diversas abordagens foram utilizadas para aprimorar o conhecimento humano sobre a questão da **teologia antropológica**, trazendo luz a alguns conceitos antes pouco compreendidos e criando novos entendimentos que levaram o homem ao atual estágio da sua relação com Deus. Falando mais especificamente sobre o Novo Testamento, o estudo da antropologia aplicado aos livros que o compõem nos conduz naturalmente ao conhecimento sobre como a revelação de Deus presente nesses textos relaciona-se à vida humana e a explica.

Da mesma forma que fizemos nos capítulos anteriores, iniciaremos a apresentação da antropologia do Novo Testamento e da vida cristã destacando algumas definições importantes para a compreensão do assunto. O conhecimento dessas definições ajudará você a compreender os temas em questão, como: O que é a antropologia do Novo Testamento? Do que ela trata? Quais são seus ensinamentos e suas implicações na vida do ser humano?

6.1 Antropologia do Novo Testamento

Para compreendermos a representação do homem do Novo Testamento, devemos, antes de tudo, voltar aos textos bíblicos mais antigos, que fazem parte do Velho Testamento, pois é nesses textos que encontramos as primeiras definições do ser humano.

Também é necessário que analisemos os conceitos antropológicos desenvolvidos no período interbíblico, que serviu de preparação para os pontos centrais dos ensinamentos de Jesus, para, então, observarmos como o ser humano é representado nos Evangelhos Sinópticos e nos textos de Paulo.

6.1.1 Reflexos do Antigo Testamento

Podemos compreender a influência do Antigo Testamento sobre a formação dos conceitos antropológicos encontrados no Novo Testamento como um processo de desenvolvimento de ideias e de absorção de novas reflexões. Merval de Souza Rosa[1] (2004, p. 189) afirma que "sem as raízes hebraicas muitos dos ensinos do Novo Testamento seriam difíceis de entender. Isto inclui, evidentemente, a concepção do homem, ou seja, a antropologia neotestamentária".

---

1   Merval de Souza Rosa (1926-2014) foi professor na Universidade Federal de Pernambuco (UFPE) e professor e diretor do Seminário Batista do Norte, no Recife.

A história da humanidade começa pela criação. No primeiro capítulo do Gênesis, é declarado que o ser humano é obra de Deus (***imago Dei***[2]): "Deus disse: 'Façamos o homem à nossa imagem, como nossa semelhança' [...] Deus criou o homem à sua imagem, à imagem de Deus ele o criou, homem e mulher ele os criou" (Gênesis, 1: 26-27). O salmista indagava-se: "O que é o homem?"; e, em suas ponderações, declaravam "Iahweh, Senhor nosso, quão poderoso é teu nome em toda a terra!" (Salmos, 8: 10).

> *Podemos compreender a influência do Antigo Testamento sobre a formação dos conceitos antropológicos encontrados no Novo Testamento como um processo de desenvolvimento de ideias e de absorção de novas reflexões.*

Quando observamos a ordem da criação, é comum separarmos, de forma lógica, os elementos que pertenciam à natureza do homem e os que a sobrepujavam. Não podemos afirmar se o período inaugurado pela criação foi breve ou longo, porém é de opinião geral que esse período foi bruscamente transtornado por uma revolta do homem. Antes disso, a humanidade não tinha história e a paz imperava em todo lugar, junto com o Criador. O relacionamento entre Deus e o homem era realizado de forma direta, não precisava de mediadores. Segundo Lucien Cerfaux[3] (2003), os homens foram criados para trabalhar e conduzir o mundo de acordo com a inteligência que receberam; porém a contemplação das obras divinas levou-os a pecar contra Deus e, assim, o pecado entrou no mundo.

A parte inicial do Antigo Testamento apresenta uma concepção corpórea do homem. Somente mais tarde é que se desenvolveu a

---

2   *Imago Dei* é a explicação bíblica para a criação do homem como imagem de Deus.
3   Lucien Cerfaux (1883-1968) foi um exegeta e professor de Novo Testamento na Universidade de Católica de Lovaina, na Bélgica. Prestou grande contribuição aos estudos sobre a teologia de Paulo.

ideia da **unicidade humana**. Isso trouxe consequências para o individualismo ético – a liberdade individual que cada um tem para fazer suas escolhas a despeito das estruturas política, econômica e social vigente –, que caracteriza a mensagem dos grandes profetas do século VIII a.C. O conceito de singularidade do homem representa uma das grandes contribuições do pensamento hebreu-judaico para a humanidade. Contudo, esse conceito apresenta também uma série de problemas, tais como a **doutrina da justa retribuição**, expressa pelo drama do Livro de Jó e por outros textos do Antigo Testamento, e o tema da existência de uma **vida eterna** individual para o homem. Rosa (2004, p. 190) argumenta que nos limites do Antigo Testamento não existe uma doutrina explícita de vida eterna. Para o autor, esse conceito foi desenvolvido no pensamento judeu no período interbíblico.

Nos textos do Novo Testamento, estão presentes pelo menos duas ideias com ênfase no individualismo ético. Na literatura do judaísmo interbíblico, por um lado, a passagem para a vida eterna não é coletiva, mas estritamente individual. Por outro lado, a ênfase escatológica fazia com que as pessoas daquela época vissem suas esperanças frustradas como nação, e só restava, então, a possibilidade de concentrarem seu pensamento numa realidade futura (Rosa, 2004).

6.1.2. O homem nos Evangelhos Sinópticos

Os Evangelhos Sinópticos não apresentam uma doutrina sistemática sobre o ser humano. Neles, Jesus Cristo não é um filósofo ou um teólogo especulativo, discutindo conceitos abstratos como *humanidade* ou *homem*. Nesses livros, Jesus é apresentado mais como um profeta que se dirige a pessoas, em sua concretude, e que procura adaptar sua mensagem às necessidades reais delas. De acordo com

Ladd (2003), a humanidade descrita nos Evangelhos Sinópticos permanece como centro do ensinamento que considera a sua relação de filiação com Deus.

Ladd (2003) menciona pelo menos quatro entendimentos decorrentes dessa afirmação:

1. Os seres humanos têm valor supremo como filhos de Deus.
2. Os seres humanos têm obrigações como filhos de Deus.
3. Os seres humanos formam uma irmandade.
4. Os seres humanos tiveram a sua relação de filiação com Deus quebrada pelo pecado, mas isso não alterou a paternidade de Deus.

Esse último entendimento decorre do fato de que **a paternidade de Deus é um dom do Reino de Deus**. Pelos ensinamentos de Jesus, podemos deduzir que ele considerou todas as mulheres e todos os homens como pecadores. Isso é notado pelo fato de ele ter dirigido palavras de arrependimento e discipulado a todos, sem exceções (Ladd, 2003).

O ensinamento de Jesus sobre o ser humano tem como pano de fundo as crenças e os ideais éticos do judaísmo de seu tempo – um judaísmo que não se apresentava de forma homogênea, mas refletia uma grande variedade de fontes de influência. Jesus pregou sua doutrina em um contexto complexo de experiências religiosas, entre as quais observamos a influência da fé bíblica do Antigo Testamento, da tradição rabínica e da vasta literatura apocalíptica do período interbíblico (Rosa, 2004).

Mesmo que saibamos que algumas das ideias antropológicas do Antigo Testamento se refletem no Novo Testamento, é preciso que levemos em conta as inevitáveis modificações decorrentes da própria interpretação dada por Jesus e, posteriormente, por seus discípulos. Além disso, outro fator importante é o longo processo de contato dessa interpretação com outras culturas.

No Antigo Testamento, encontramos a ideia de que o homem é pecador. Isso pode significar basicamente duas coisas: a primeira diz respeito ao fato de que o ser humano é dependente de Deus e tem para com ele responsabilidades éticas. Para Rosa (2004), na fé bíblica primitiva, o pecado, bem como a sua punição, era entendido em termos coletivos, e não como responsabilidade pessoal. Somente nos profetas, como Jeremias e Ezequiel, encontramos a ideia da responsabilidade pessoal sobre o pecado (Jeremias, 31: 29-34; Ezequiel, 18: 1-32).

A partir do Novo Testamento, o acordo que Deus propõe é com o indivíduo, e não com a nação como um todo. Isso significa que a ênfase é totalmente sobre a responsabilidade moral do ser humano como indivíduo, como singularidade. Mesmo assim, a ênfase na individualidade não elimina a comunidade.

Os evangelistas sinópticos usam equivalentes gregos para os conceitos antropológicos importantes do Antigo Testamento, dos quais Jesus faz uso constante. O termo hebraico *nefesh* (vida, pessoa, alma) tem seu equivalente em *psyche*, no grego. O termo hebraico *ruach* (espírito, vento, ânimo) corresponde a *pneuma*. O termo hebraico *leb* (coração, desejo, razão, vontade) equivale a *kardia*. Devemos notar, contudo, que, como qualquer caso de evolução semântica, essas palavras muitas vezes traduzem acepções modificadas pelo uso.

A palavra *psyche* é usada várias vezes no Novo Testamento com diferentes acepções. Às vezes, refere-se à vida física, como em Marcos, 14: 34; em outras, aparece em citações do Antigo Testamento como simples tradução de *nefesh*. A diferença fundamental é que, no Novo Testamento, a palavra *psyche* é frequentemente usada para se referir a uma vida depois desta vida, e isso em nada corresponde ao significado de *nefesh* – o que revela importante desenvolvimento do sentido dessa palavra durante o período interbíblico (Rosa, 2004).

Dessa maneira, conforme Rosa (2004, p. 194), o ensinamento de Jesus, "comparado com o Antigo Testamento, é mais uma redistribuição de ênfase do que propriamente mudança de conteúdo. [...] essa redistribuição caracteriza o famoso 'eu, porém, vos digo' de Jesus Cristo". Portanto, no Antigo Testamento, o relacionamento dos homens com Deus se dava com base "no conceito da paternidade de Deus e de sua soberania" (Rosa 2004, p. 194). Por sua vez, Jesus não abandona a ideia da paternidade divina, pois continua a enfatizando, mas aplica a ênfase também na "necessidade que o homem tem de absoluta obediência e lealdade a Deus" (Rosa, 2004, p. 194).

Observando o Evangelho de Marcos, na seguinte passagem: "Pois aquele que quiser salvar a sua vida, irá perdê-la; mas, o que perder a sua vida por causa de mim e do Evangelho, irá salvá-la" (Marcos, 8: 35), podemos concluir que Jesus concebeu a vida eterna como uma vida de ininterrupta comunhão com Deus.

6.1.3. O homem nas epístolas de Paulo

Entre as inúmeras considerações sobre o estudo da antropologia nas epístolas de Paulo, Ernst Käsemann[4] (2003) argumenta que poucos temas teológicos exerceram influência tão prolongada na última geração como esse. Para o autor, a análise da antropologia paulina é um dos principais pressupostos e o fator decisivo da chamada *teologia existencial*.

---

4   Ernst Käsemann (1906-1998) foi um dos mais importantes estudiosos do Novo Testamento do século XX. Foi professor em Mainz, Gottingem e Tubigen, na Alemanha.

O estudo da antropologia nos textos paulinos revela que o apóstolo não trata de Deus nem de Cristo, tampouco do homem e do mundo como eles são em si mesmos. Käsemann (2003), por exemplo, chega à conclusão de que Paulo sempre faz referência relacionando uns aos outros. Bultmann (citado por Käsemann, 2003), no entanto, vai um tanto além dessas relações entre criador e criaturas, usando como base também a antropologia paulina, pois, com a relação de uns aos outros, não se vê a peculiaridade desta última, entre Deus e as pessoas.

Segundo Rosa (2004, p. 199),

> Dos escritos de Paulo, encontramos a antropologia mais elaborada do Novo Testamento. Em linhas gerais, podemos dizer que os conceitos antropológicos do apóstolo Paulo refletem os ensinos do Antigo Testamento, mediados pela Septuaginta e, naturalmente, pela influência do judaísmo tardio. É clara, também, a influência do dualismo helenista sobre o pensamento antropológico de Paulo, como se observa em seu conceito de carne como fonte imediata do pecado. Na opinião de Wheeler Robinson, apesar do uso de conceitos gregos como "homem interior", "mente" e "consciência", Paulo mantém psicologicamente aquilo que chamou de "hebreu de hebreu".

Além disso, Paulo alterou e até mesmo atualizou alguns dos conceitos do Antigo Testamento, visto que a sociedade e a o judaísmo da época também mudaram em relação ao período em que esses conceitos foram primeiramente elaborados. Contudo, conforme esclarece Rosa (2004), as contribuições originais de Paulo, isto é, os novos conceitos que ele mesmo elaborou, demonstram as influências da cultura helênica sobre o seu pensamento essencialmente judaico.

Podemos utilizar quatro termos hebraicos para compararmos o pensamento de Paulo sobre o homem e o judaísmo bíblico de então: *leb, nefesh, ruach* e *bassar*. Os três primeiros já mencionamos na seção anterior, quando explicamos que eles são usados também pelos evangelistas sinópticos para se referirem a sentimentos ou pensamentos do homem que retratam conceitos antropológicos do Velho Testamento. O último termo, *bassar*, é utilizado para a descrição de uma característica externa, visível, que constitui um traço da personalidade do indivíduo. "Esses quatro termos, com seus equivalentes gregos, constituem a base do vocabulário antropológico de Paulo. Os correspondentes gregos são: *kardia* [coração], *psyche* [alma], *pneuma* [espírito] e *sarx* [carne]" (Rosa, 2004, p. 199).

Analisando esses termos e maneira mais pormenorizada, Rosa (2004, p. 199) explica que *nephesh*, nos livros do Antigo Testamento, era usado para descrever aspectos emocionais, e que Paulo manteve esse sentido utilizando, em seus textos, os termos gregos *psyche* e *psykikós* para referir-se a aspectos materiais, relacionados à "vida da carne", contrapondo-os aos termos gregos *pneuma* e *pneumatikós*, que se referiam a aspectos da vida espiritual dos homens.

> *Este contraste de fundamental importância no pensamento de Paulo torna-se mais evidente pela introdução dos termos antitéticos "homem interior" e "homem exterior", ao mesmo tempo em que o apóstolo usa o termo* soma, *para o qual não existe nenhum correspondente exato no Antigo Testamento. Por outro lado, as constantes e detalhadas referências de Paulo à presente vida interior exigem algo mais exato do que o termo geral "coração", que era suficiente para o escritor do Antigo Testamento. Daí porque vamos encontrar, em Paulo, outros termos gregos como* nôus *e* Syneidesis *(traduzidos, respectivamente, por mente e consciência), usados para descrever grupos especiais de fenômenos psíquicos que, entre outros, o Antigo Testamento atribuía ao "coração".*
> (Rosa, 2004, p. 199-200, grifo do original)

Para verificarmos a equivalência entre os conceitos antropológicos utilizados por Paulo e os originais hebraicos que aparecem no Antigo Testamento, devemos levar em conta o fato de que as raízes de Paulo são essencialmente judaicas e estavam presentes em seu pensamento. Sobre isso, Rosa (2004, p. 200) propõe alguns exemplos de grande importância:

> Dentre os vários usos que Paulo faz do termo "coração" (kardia) salientaremos os seguintes:
> 1. O termo é usado para se referir, pura e simplesmente, ao coração em seu sentido físico ou figurado.
> 2. Às vezes o termo é usado como sinônimo de personalidade ou de caráter, ou, ainda, como significando a vida interior em geral, como é o exemplo em 1 Coríntios 14.25.
> 3. Pode significar estados emocionais de consciência, como em Romanos 9.2.
> 4. A sede de atividades intelectuais, como visto em Romanos 1.21.
> 5. Ou a sede da volição.

Os significados apresentados por Rosa (2004) para a palavra **coração** nos escritos de Paulo não são muito diferentes daqueles encontrados nos livros do Antigo Testamento. O autor aponta, no entanto, que Paulo enfatiza o sentido dos significados de *coração* relacionado à vontade do homem, ou seja, à escolha individual, em vez de enfatizar o sentido intelectual do termo.

Os estudiosos das epístolas de Paulo consideram o termo **espírito** (*pneuma*) como o mais importante do vocabulário antropológico utilizado pelo apóstolo. Na linguagem paulina, em linhas gerais, a palavra *pneuma* equivale ao hebraico *ruah*. Porém Paulo usa *espírito* para se referir a influências sobrenaturais e, principalmente, ao **Espírito Santo** (como vimos no Capítulo 3 – "Pneumatologia"). Entre os diversos usos de *espírito* pelo apóstolo, destacamos: "Espírito Santo" (I Tessalonicenses, 4: 8; Efésios, 1: 13, 4: 30), "Espírito de Deus" (Romanos, 8: 14; I Coríntios, 2: 11, 3: 16; II Coríntios, 3: 3), "Espírito de Cristo" (Romanos, 8: 9), "Espírito de Jesus Cristo" (Filipenses, 1: 19) e "Espírito do seu Filho" (Gálatas, 4: 6).

O que percebemos é que Paulo pretende demonstrar que é justamente com o Espírito Santo que o homem serve a Deus. O ser humano, como espírito, tem a capacidade de desfrutar a união com o Senhor. A oração e a profecia são exercícios do espírito do homem. A graça, a renovação e a vida divina atribuída ao homem é concedida por Deus, experimentada no Espírito e testemunhada pelo Espírito (Cerfaux, 2003).

Continuando com a análise da antropologia paulina, destacamos a palavra **mente** (*nôus*). O apóstolo faz uso desse o vocábulo com o sentido da capacidade intelectual do homem (I Coríntios, 14: 14; Filipenses, 4: 7) ou para se referir ao pensamento de Deus ou de Cristo (Romanos, 11: 34; I Coríntios, 2: 16). Paulo retrata a mente de diversas formas: imoral, carnal e corrupta (Romanos, 1: 18; Efésios, 4: 17; Colossenses, 2: 18; I Timóteo, 6: 5; II Timóteo, 3: 8; Tito, 1: 15). O apóstolo ainda declara, segundo Rosa (2004, p. 200), "que Cristo opera no homem a renovação de sua mente, o que produz a transformação de sua vida". Conforme consta na Epístola aos Romanos (12: 2, grifo nosso): "E não vos conformeis com este mundo, mas transformai-vos, renovando a vossa **mente**, a fim de poderdes discernir qual é a vontade de Deus, o que é bom, agradável e perfeito".

Outra palavra que merece destaque na nossa análise é **consciência** (*syneidesis*), a qual, segundo Rosa (2004, p. 200), "não tem equivalente exato no contexto da psicologia hebraica". O autor ressalta que, para Paulo, *consciência* relaciona-se à retidão, e indica, como exemplo, o texto da Epístola aos Romanos (2: 15). A palavra também aparece com outros sentidos, como apelo moral na consciência dos outros (II Coríntios, 4: 2) e como faculdade de julgamento moral, que pode ser pura (I Timóteo, 3: 9) ou impura (I Coríntios, 8: 7). Rosa (2004, p. 200) explica que, "Para os antigos, consciência era a faculdade de julgar as ações humanas depois de praticada. [...] esse é um dos termos técnicos usados por Paulo, que tem mais afinidade com o pensamento grego do que [com] o hebraico".

Dentre os vocábulos que consideramos em nossa análise, apontamos *alma (psychē)* como um dos que não são muito usados nos textos paulinos. Muitas vezes, Paulo utiliza o termo para referir-se simplesmente à vida, sem designar alguma característica psicológica (I Samuel, 24: 5; 25: 31). Portanto, Paulo aproxima-se mais do conceito de alma do Antigo Testamento do que do da literatura intertestamentária. Segundo Cerfaux (2003, p. 628) "Paulo nunca usa *psyche* como uma entidade separada no homem, nem ao menos insinua que a *psyche* possa sobreviver à morte do corpo".

Além desse sentido para o termo *alma*, Rosa (2004) aponta que ele também é usado para referir-se ao indivíduo, e cita como exemplo duas passagens da Epístola aos Romanos (2: 9; 13: 1), "ou como pronome pessoal enfático [...], do modo como os judeus antigos usariam o termo *nephesh*" (Rosa, 2004, p. 201), como em II Coríntios, 12: 15. Para o apóstolo, conclui Rosa (2004, p. 201), a alma "pertence à presente dimensão da existência" e sua substituição ocorrerá em um tempo específico.

Outro termo de grande importância para a análise da antropologia paulina é **carne** *(sarx)*. Para Rosa (2004), esse termo, quando utilizado pelo apóstolo, é tão carregado de influência do pensamento grego que o conceito de dualismo é evidente, pois, levando-se em conta "a doutrina de uma vida futura desenvolvida no judaísmo e a aguda experiência do conflito moral característica de Paulo, é quase inevitável que a unidade da personalidade originalmente apresentada no Antigo Testamento aparecesse aqui nesse dualismo entre vida interior e vida exterior" (Rosa, 2004, p. 202).

Com frequência, Paulo usa o termo *carne* para descrever os tecidos que constituem o corpo e para contrastar com *ossos* e *sangue*. O corpo de Jesus era um corpo de carne. A carne, no entanto, é corruptível e não pode herdar o Reino de Deus (I Coríntios, 15: 50). Por meio de uma transposição bastante natural, Paulo se vale da parte para se referir ao todo, recorrendo ao termo *carne*, usado em muitos lugares como sinônimo de *corpo* como um todo. Segundo Cerfaux (2003), é por isso que o apóstolo fala a respeito de estar "ausente de corpo" (I Coríntios, 5: 3) ou "ausente no corpo" (Colossenses, 2: 5).

Ressaltamos que a palavra *carne* também pode ser usada para referir-se ao ser humano em termos de aparência e de condições exteriores. Dessa maneira, a extensão de sentido do termo *carne* vai além da vida corpórea e inclui outros fatores que são elementos inseparáveis da existência humana. Quando Paulo menciona "segundo a carne" (I Coríntios, 1: 26), refere-se à "esfera da vida que caracteriza a existência humana; tem sua sabedoria, sua nobreza e seu poder" (Ladd, 2003, p. 636). Portanto, para esse autor, a esfera da carne não é pecadora em sua essência, "mas é impotente para obter a sabedoria e o conhecimento de Deus. Um novo e mais alto nível de existência é necessário para se entrar no mundo das realidades divinas" (Ladd, 2003, p. 637).

Rosa (2004, p. 202), observa, ainda, que, nos textos de Paulo, "os órgãos físicos, juntamente com a carne, já se apresentam com as características psíquicas do Antigo Testamento", ou seja, a esses órgãos "são atribuídas qualidades éticas boas ou más". Assim, de forma semelhante ao pensamento do Antigo Testamento, Paulo adverte que apenas um desses elementos psíquicos pode corromper todos os outros. Para Rosa (2004, p. 202), "Essa corrupção resulta da fraqueza da carne e requer radical constituição ou transformação em corpo pneumático".

Há uma evidente correlação entre *carne* e *pecado* nos textos de Paulo.

Rosa (2004) explica que a afirmação de Paulo de que o **pecado** é universal e a morte é a punição do pecado se deve ao fato de o apóstolo entender que esta é consequência do pecado e da queda de Adão descritos no livro do Gênesis e, portanto, inevitável a todos os seres humanos. Para Rosa (2004, p. 203), temos de nos lembrar "de que Paulo não é um teólogo sistemático, no sentido acadêmico do termo". Por isso, a mensagem do apóstolo tem uma preocupação de natureza essencialmente prática e ética.

Para o autor, "A forma paradoxal e antitética do pensamento hebraico aparece vívida em Paulo, quando fala da liberdade do homem e do controle divino"[5] (Rosa, 2004, p. 204). Como mencionamos anteriormente, o apóstolo considera que a descendência de Adão herdou dele o pecado, e isso é evidenciado quando consideramos o uso do termo *carne* nas epístolas de Paulo com sentido ético.

> *Há pelo menos cinco usos do termo "carne" nos escritos paulinos, a saber: 1) estrutura física do corpo; 2) parentesco; 3) esfera da presente existência; 4) fraqueza carnal, e 5) experiência ética. O uso do termo com implicações éticas se aplica a duas acepções gerais: uma relação geral da carne para com o pecado e a ideia de que a carne é elemento ativo na produção do mal.* (Rosa, 2004, p. 203)

---

[5] Segundo Rosa (2004, p. 204), "Paulo apresenta a natureza carnal do homem como fonte imediata de pecado, de tal forma que a predisposição para atos pecaminosos existe, de alguma forma, em todo homem, independentemente de sua relação com Adão", referindo-se ao trecho da Epístola aos Romanos (7: 7-25).

Há diferenças no modo como Paulo escreve seus pensamentos em relação à carne e ao pecado mesmo entre as suas epístolas. Como exemplo dessa constatação, Rosa (2004) menciona a Epístola aos Romanos (7: 14), na qual o apóstolo, ao falar sobre o pecado, vai além do que fala na Epístola aos Gálatas (5: 17). Por isso, Paulo usa o termo *carne* com o significado de *fraqueza*, evocando o conceito do Antigo Testamento e a responsabilidade de Adão pela existência do pecado. Na visão de Rosa (2004, p. 204), "Porque o homem é carne, ele é fraco e, portanto, escravo do pecado". Dessa forma, a descrição que Paulo faz do pecado beira a personificação deste.

Observamos, ainda, na Epístolas aos Romanos (7: 7-25), a universalidade da mensagem de Paulo, na passagem em que ele utiliza termos de natureza geral para relatar os conflitos que enfrentava antes de converter-se à doutrina de Cristo, uma experiência pessoal que reflete as agruras pelas quais passam todos os homens. Segundo Rosa (2004, p. 204), o apóstolo "não faz nenhuma referência à queda de Adão", mas menciona, no capítulo 11 da Primeira Epístola aos Coríntios, a sedução de Eva pela serpente: "Receio, porém, que, como a serpente seduziu Eva por sua astúcia, vossos pensamentos se corrompam, desviando-se da simplicidade devida a Cristo" (II Coríntios, 11: 3). O autor sugere que Paulo, nesse trecho, refere-se ao episódio narrado no livro do Gênesis (3: 13) e que a intenção do apóstolo é fazer "um paralelo entre a queda de Adão e a de cada indivíduo" (Rosa, 2004, p. 204)[6].

Além dessa análise dos principais termos utilizados nas epístolas e relacionados a conceitos antropológicos do Antigo Testamento, acrescidos de novos significados pelo autor das epístolas, há outras questões sobre o tema que devemos discutir.

---

6 Esse propósito está de acordo com a teologia judaica do tempo de Paulo, especialmente a que encontramos no Apocalipse de Baruque (54: 19, 22-23, 25).

O tema da **redenção do corpo** também está presente nas epístolas paulinas. Após anunciar o evento escatológico na Primeira Epístola aos Tessalonicenses (4: 16-17), "a falha nesta expectação levou Paulo a desenvolver ideias mais espirituais sobre o assunto" (Rosa, 2004, p. 20). Essa falha se deveu às dúvidas que o texto gerou sobre a realidade de uma vida após a morte, pois, quando esta ocorre, o corpo físico é destruído. Dessa maneira, como haveria a vida após a morte sem a existência de um corpo? A resposta de Paulo aparece na Primeira Epístola aos Coríntios (15: 35-39, 51) e baseia-se na distinção entre *corpo* e *carne*.

> *Na terminologia moderna, a distinção seria entre a forma orgânica e a forma material ou substancial. O corpo pode ser constituído de material diverso, pois, como diz no versículo 39, "nem toda carne é uma mesma". Deus dá um corpo de qualquer material que quiser (v. 38). No presente temos um corpo carnal, corruptível, "psíquico". Mas na ressurreição, o cristão terá um corpo "pneumático", incorruptível, que obterá através de sua relação com Cristo. O presente estágio do pensamento de Paulo ainda está baseado na ideia da volta imediata do Cristo, como indica o versículo 51, que diz: "(...) nem todos dormiremos, mas transformados seremos todos". Mais tarde, porém, o pensamento de Paulo inclui o que acontece por ocasião da morte, quando ele diz que o corpo celeste torna-se nosso permanentemente [...].* (Rosa, 2004, p. 206-207)

O **corpo celestial** é o resultado da vida espiritual cultivada em vida por cada indivíduo. Rosa (2004, p. 207) assevera que "Esse corpo espiritual é o resultado da transformação gradual do cristão da imagem do 'Senhor', o 'Espírito'".

Até agora, discutimos a visão de Paulo sobre o homem entendido como ser individual. Mas qual é a percepção do apóstolo sobre o homem como ser social? Para Rosa (2004, p. 207), "A primeira coisa que nos chama atenção nos escritos de Paulo, neste particular, é que ele não se preocupa com as formas transitórias das estruturas da sociedade". Na Primeira Epístola aos Coríntios (7: 31), Paulo escreve: "Pois passa a figura deste mundo". Com isso, o apóstolo evidencia a transitoriedade deste mundo e preocupa-se com os elementos mais permanentes da vida humana. Todavia, ele admite que cada pessoa tem sua vida individual e que o conjunto das diversas vidas individuais formam as relações sociais que permeiam a vida de cada uma delas e que devem ser guiadas pelo amor e pelo respeito aos valores espirituais.

Por fim, o ponto mais importante na antropologia de Paulo está na forma como ele dirige a palavra aos seus interlocutores, ou seja, a maneira pela qual ele anuncia o seu evangelho: provocando os homens, chamando-os, pela palavra de Deus, do caos ao ser, como um redentor que chama da perdição à salvação (Käsemann, 2003).

6.2 Vida cristã

A vida cristã é um tema demais debatido, presente em grande parte das pregações antigas e atuais. Além disso, as prateleiras das livrarias estão repletas de livros que procuram conduzir o leitor à compreensão dessa temática. Todavia, o nosso propósito é abordar a vida cristã com base em uma perspectiva do Novo Testamento, razão por que é provável que não tratemos o tema em consonância com o que se tem visto em outras obras.

A vida cristã não é simplesmente uma promessa de segurança e de bem-estar absoluto ou de maneiras para se atingir aquilo que cada cristão deseja ou venha a desejar. A vida cristã, do ponto de vista teológico, está inclinada a tratar da vida cristã no sentido de fazer o cristão perceber a necessidade de servir a Deus – servidão esta que precisa estar fundamentada em valores como a absoluta vontade divina, a conduta do cristão em meio à sociedade, a sua posição depois da conversão, entre outros.

Cerfaux (2003) afirma que o cristão é chamado a participar da qualidade de filho de Deus, acessível porque o único Filho de Deus se faz presente em uma natureza humana. Contudo, é o Espírito Santo que auxilia os cristãos a exprimir seus sentimentos de filhos. Se o cristão é chamado a servir com propriedade, entende-se que a sua vida cristã deve ser de servidão. Um cristão que é portador do Espírito Santo em si mesmo, ou, como diz Paulo, templo do Espírito Santo (I Coríntios, 6: 19), deve ter como maior desejo a necessidade de servir ao Deus que o resgatou do pecado e da morte. Portanto, talvez a maior motivação para a vida cristã seja justamente o fato de que o cristão tem o Espírito de Deus dentro de si, o Espírito que sonda o seu coração e intercede por ele ao Deus Pai (Cerfaux, 2003).

Ladd (2003, p. 695) pergunta: "Quais são as motivações para a vida cristã?", e inicia a busca por respostas afirmando que "Uma opinião popular é que a motivação principal é a habitação do Espírito Santo". Ele menciona Marshall, para o qual o Espírito Santo é um norteador ético adequado e o homem que experimenta a ação dele em seu coração e está "sob a influência do Espírito sabe interiormente qual é a vontade de Deus e é capaz tanto de querer como de realizá-la [...]" (Marshall, citado por Ladd, 2003, p. 695).

De acordo com Ladd (2003, p. 396), a única exigência que Jesus fez aos homens a fim de que recebessem a vida eterna foi que tivessem fé, que cressem nele. No Evangelho de João, esse fato é explícito de uma forma que não se vê nos Evangelhos Sinópticos. João evidencia a fé, que desempenha um papel importante na salvação dos homens.

Para Ladd (2001, p. 256), o "sentido simples de crer e aceitar a veracidade dos testemunhos para com a pessoa e a missão de Jesus é básico para a ideia joanina de fé". Em seu evangelho, João exorta os homens a crer na palavra das Escrituras, dos escritos de Moisés às palavras e às obras de Jesus. Isso, "em última análise, significa crer no próprio Jesus [...]. Crer em Jesus e em sua palavra significa crer em Deus"[7] (Ladd, 2001, p. 256).

6.2.1 O cristão na atualidade

Para falarmos sobre a condição do cristão na atualidade, de acordo com o pensamento paulino, precisamos apontar alguns aspectos práticos relacionados ao tema, como a atuação do Espírito Santo na vida do cristão. Para Cerfaux (2003, p. 249), "Seria difícil exagerar a importância que Paulo atribui às atividades do Espírito Santo. Chegou-se a acusá-lo de haver transformado o cristianismo, acrescentando-lhe assim um elemento supostamente heterogêneo e de origem pagã".

Acontece que, quando iniciamos o estudo da condição atual do cristão, o poder do Espírito Santo impõe-se a toda perspectiva que adotemos, pois "o Evangelho anuncia o mistério do plano divino de salvação: se Cristo é seu objeto, o Espírito Santo é seu revelador" (Cerfaux, 2003, p. 249). Talvez a inserção de alguns conceitos básicos possa ajudar nossa compreensão dessa realidade. Segundo Cerfaux (2003, p. 250), além da realidade da presença do Espírito Santo na vida do cristão, podemos listar os seguintes conceitos: "Os excessos dos falsos espirituais jamais conseguiriam 'apagar o Espírito'; [...] A novidade do cristianismo foi antes uma novidade de realidade que uma inovação de vocabulário [...]; É ao Antigo Testamento e ao judaísmo, mas mais ainda à experiência cristã, que Paulo deve sua doutrina".

---

7   Veja João, 2: 22; 4: 47, 50; 5: 24, 38, 46-47; 6: 30; 8: 31, 45, 46; 10: 37-38.

Voltemos à participação do Espírito Santo no cristão. *Participar* "indica um contato, ora com uma pessoa, ora com bens ou realidades" (Cerfaux, 2003, p. 251). Os cristãos são convocados, por meio do Espírito Santo, para a comunhão com o Filho de Deus (I Coríntios, 1: 9) e com os seus sofrimentos (Filipenses, 3: 10), bem como para participar dos seus sofrimentos e do seu sangue no seu corpo (I Coríntios, 10: 16).

Dessa maneira, a presença do Espírito Santo conduz o cristão à caridade de Deus e à comunhão com o Espírito Santo. Cerfaux (1976, p. 223) destaca que "a caridade está em relação com Deus como sua fonte suprema, a graça ou o dom com o Cristo, que é sua origem juntamente com Deus [...]; o Espírito, de quem nós 'participamos', nos alcança os dons espirituais, a caridade e os outros 'frutos' seus, os carismas".

A leitura da Epístola aos Romanos (9: 4-5) leva-nos ao conhecimento dos privilégios cristãos. Em primeiro lugar, está o privilégio da filiação divina (ou *adoção filial*). Enquanto no Antigo Testamento essa dádiva parecia um tanto quanto obscura, no Novo Testamento ela passa para o primeiro plano e, conforme ela preceitua, os cristãos recebem o título de *filhos de Deus*, pois estão unidos a Cristo, o Filho único, no pensamento de Deus. Uma condição não mais de caráter jurídico ou simbólico, mas que realmente leva os cristãos a participar da própria natureza do Filho de Deus (Cerfaux, 2003).

Outro tema de extrema importância na vida cristã é o ensino a respeito da ressurreição de Cristo, que inclui dois aspectos: "a glorificação de seu corpo [...] e sua espiritualização" (Cerfaux, 1976, p. 245). Dessa forma, a perfeita união entre o Espírito Santo e a glória na vida cristã, como reflexo da ressurreição de Cristo, é essencial. Se no Antigo Testamento as pessoas consideravam Deus um ser inacessível, no Novo Testamento a distância desaparece, e a proximidade chega ao nível de o fiel *estar em Cristo* e até de *Deus estar no cristão*, que é visto como um templo do Espírito Santo. De acordo com Cerfaux (1976, p. 245), "O Novo Testamento, no ministério duma revelação mais profunda, termina o movimento começado".

Um breve resumo a respeito da glória divina elaborado por Cerfaux (2003, p. 273-274) pode nos ajudar a esclarecer esse tema:

1. *A partir de Rom 5 Paulo descreve o estado do cristão "justificado", "o dom no qual somos estabelecidos" e que nos permite apoiar-nos sobre a esperança da glória de Deus (5,2). Conclui seu pensamento no v. 5: "a esperança não engana, pois o amor de Deus já foi derramado nos nossos corações **pelo Espírito Santo** que nos foi dado". [...]*
2. *A relação entre o Espírito e a glória está subjacente, em 1 Cor 2,6-16, numa descrição dos processos psicológicos da sabedoria cristã. [...]*
3. *Outro ponto de interseção da glória e do Espírito: 2 Cor 3,1-18, o comentário rabínico do episódio narrado em Êx 34,29-35. Moisés, ao descer do monte [Sinai], tinha o rosto fulgurante por causa da glória de Deus e colocava um véu para ocultá-lo aos israelitas. Isto dá ocasião para comparar os ministérios do Antigo e do Novo Testamento; o Antigo agora é o da "letra" escrita sobre tábuas de pedra" [sic] [Êxodo, 34: 1-29], enquanto que o Novo Testamento está inscrito pelo Espírito de Deus nos corações vivos.*

Devemos lembrar o clássico enunciado de Paulo: "Se alguém está em Cristo, é nova criatura. Passaram-se as coisas antigas; eis que se fez uma realidade nova" (II Coríntios, 5: 17). A natureza dessa nova criação não se refere a uma nova natureza moral interior. Quando Paulo se dirige àqueles que estão em Cristo, àqueles que têm de viver corretamente, ele o faz por saber que eles já se despiram do velho homem e estão revestidos do novo homem "que se renova para o conhecimento segundo a imagem do seu Criador" (Colossenses, 3: 10). Esse **revestimento** é algo muito mais profundo do que uma renovação moral. A moralidade é antes uma condição de vida que uma exigência (Ladd, 2003).

No Evangelho de João, conforme vimos anteriormente, a condição básica para ser cristão é responder ao desafio de Jesus de crer nele. Para Ladd (2003, p. 403), "Se a fé é o meio de se entrar para a vida, a relação recíproca de permanência é a única exigência para continuar na fé". A expressão *relação recíproca de permanência* é usualmente relacionada ao misticismo, no entanto é difícil de ser definida. O que podemos dizer a respeito dela é que "há uma relação de permanência recíproca do crente em Cristo [...] e de Cristo no crente [...]" (Ladd, 2003, p. 403). É uma relação que tem seu correlato nas realidades de que o Filho é um com o Pai e de que o Pai está com o filho, e devem ambos permanecer nesses estados (Ladd, 2003).

Aqueles que permanecem em Cristo devem, não por imposição, mas por natureza, demonstrar uma ética que condiz com os valores do reino ao qual pertencem. João, em seu evangelho, apresenta uma vida cristã um tanto diferente da encontrada nos Evangelhos Sinópticos. No Evangelho de Mateus, Jesus demonstra sua preocupação com a justiça do Reino de Deus e a expõe com profundidade no Sermão da Montanha. Já no Evangelho de João, o foco do discurso de Jesus é a conduta dos cristãos, os quais, segundo Jesus, precisam praticar a verdade (João, 3: 21).

A condição básica para ser cristão é responder ao desafio de Jesus de crer nele.

Outro aspecto joanino diz respeito ao mandamento do **amor**, que não é novo em si mesmo, mas está estabelecido desde a lei de Moisés. Podemos encontrá-lo no livro do Levítico (19: 18): "Amarás o teu próximo como a ti mesmo". Precisamos levar em conta o contexto em que esse mandamento foi declarado, afinal, o amor fraternal teve um importante papel no judaísmo, até mesmo na comunidade de Qumran (Ladd, 2003).

Ladd (2003) aponta para o fato de que, nos Evangelhos Sinópticos, Jesus apresenta um aspecto novo a esse mandamento. Quando perguntado por um dos escribas do Templo sobre qual era o primeiro de todos os mandamentos, Jesus resume todo o conjunto das exigências da lei por meio das seguintes palavras: "O primeiro [mandamento] é: [...] **amarás o Senhor teu Deus de todo teu coração, de toda tua alma**, de todo teu entendimento, **e com toda a tua força**. [...] O segundo é este: **Amarás o teu próximo como a ti mesmo**" (Marcos, 12: 29-31, grifo do original). No entanto, Jesus dá uma nova definição quanto a *quem* é o *próximo* na *Parábola do bom samaritano*. O próximo não é um membro da família da aliança, mas qualquer pessoa que se ache em necessidade e precisa ser ajudada com amor (Lucas, 10: 30-37). Jesus levou as implicações do seu ensino ainda além. Ele declarou "'Ouvistes que foi dito: **Amarás o teu próximo e odiarás o teu inimigo**.' Eu, porém, vos digo: amai os vossos inimigos e orai pelos que vos perseguem" (Mateus, 5: 43-44, grifo do original). Jesus acrescenta que é natural que o ser humano ame seus amigos, pois até mesmo os gentios fazem isso. Contudo, aqueles que são filhos do Pai celestial devem amar até mesmo os seus inimigos (Mateus, 5: 47).

Tendo esse contexto em mente, o que pode haver de **novo** no mandamento de Jesus Cristo a respeito do amor são as suas próprias palavras "como eu vos amei a vós" (João, 13: 34; 15: 12). Assim, concluímos que o amor cristão tem como exemplo o amor de Jesus, que, por sua vez, é reflexo do amor do Pai. "Deus é amor", declara João em sua Primeira Epístola (I João, 4: 8), e esse amor manifesta-se na entrega de seu Filho até mesmo à morte (João, 3: 16) (Ladd, 2003).

Assim, chegamos a duas verdades eternas que norteiam a vida cristã. A primeira diz respeito ao fato apresentado pelo Novo Testamento de que os cristãos são habitados pelo Espírito de Deus e que, sendo templos desse Espírito, por onde quer que andem a presença de Deus será sentida neles. A segunda estabelece que o ser humano recebeu a dádiva de participar da obra de Cristo. Por isso, se um cristão almeja ser portador do Espírito Santo e obedecer a ele incondicionalmente, percebe a necessidade de amar a todos, sejam amigos ou inimigos, sejam parentes ou estranhos, sejam bons ou maus – enfim, se um cristão almeja andar de acordo com a vocação de portar o Espírito Santo e seguir os ensinamentos de Cristo, ele viverá de fato uma autêntica **vida cristã**.

Síntese

Neste último capítulo, apresentamos dois temas abordados pela teologia do Novo Testamento. O primeiro mostrou a necessidade e a urgência do estudo decorrente da atual condição da humanidade. Nesse sentido, destacamos que a compreensão do ser humano no Novo Testamento pode ser um caminho válido para que o homem conheça a si mesmo e habilite-se a buscar um relacionamento com o outro, considerando sua posição diante de Deus. Demonstramos ainda que, para os cristãos, o problema do pecado talvez seja o maior problema da humanidade. Se levarmos em conta que a antropologia do Novo Testamento deve ser considerada na relação do homem com Deus, fica fácil percebermos que o pecado é o problema-chave do qual todos os outros males derivam.

O segundo tema de estudo foi a vida cristã. Buscamos demonstrar que de nada adianta conhecer a antropologia e os problemas humanos se isso não tiver uma aplicação prática. A avaliação do que o Novo Testamento diz sobre a vida cristã nos ajuda a construir um caminho em direção à vida justa e a projetar metas para que a vida cristã esteja em consonância com os ensinamentos encontrados nos textos do Novo Testamento, sob a perspectiva de que o cristão é uma nova criatura em Cristo. Comentamos, também, que a possibilidade de uma vida justa, como nova criatura, realiza-se pela habitação do Espírito Santo em cada cristão.

Questões para revisão

1. Analise o conceito de *homem* apresentado no Novo Testamento.
2. Qual é a principal motivação para a vida cristã?
3. Das seguintes afirmações, quais podem ser discutidas pela antropologia teológica?
    a) O ser humano deve ser entendido com base em sua origem etnológica e em seu desenvolvimento histórico.
    b) O ser humano deve ser entendido com base em sua relação com o ambiente onde vive.
    c) O ser humano deve ser entendido com base em sua relação com Deus ou em sua posição diante dele.
    d) O ser humano só é um ser em Deus.
4. A qual conceito se refere a expressão *imago Dei* na antropologia teológica?
    a) De que Cristo é a imagem visível do Deus invisível.
    b) De que o ser humano foi criado à imagem e à semelhança de Deus.
    c) De que a imagem de Deus pode ser vista na Trindade.
    d) De que o Espírito Santo dá ao crente a imagem de Deus para que se torne nova criatura em Cristo.

5. Em que sentido Paulo utiliza a palavra *espírito* na antropologia do Novo Testamento?
   a) Como "vento" ou "ar".
   b) Como a capacidade humana de se relacionar com o mundo espiritual.
   c) Como influência sobrenatural experimentada no espírito e testemunhada pelo Espírito de Deus.
   d) Como uma ordem cósmica similar à expressão *espírito da época*.

Questões para reflexão

1. A antropologia teológica das epístolas de Paulo analisa termos com significação bem profunda. Discorra sobre os termos *alma* (*psyche*), *consciência* (*syneidesis*) e *espírito* (*pneuma*).

2. O que pode ser dito sobre a ressurreição do corpo na visão de Paulo?

3. Em sua opinião, a ideia transmitida pela teologia cristã sobre o pecado é correta? Se sim, de que maneiras concretas o pecado interfere na vida do ser humano?

considerações finais

Ao final de nosso estudo, estamos certos de que os conteúdos que apresentamos serão muito importantes para seu conhecimento sobre a teologia do Novo Testamento. Os temas que abordamos demonstram como se formaram os principais fundamentos que caracterizam a fé cristã. É verdade que há mais temas a serem estudados sobre a teologia cristã no que se refere ao entendimento dos ensinamentos do Novo Testamento. Nesse sentido, é importante salientarmos que a teologia do Novo Testamento não é entendida nem acontece de maneira isolada em relação à história de fé do povo de Deus. O vínculo literário e teológico com o Antigo Testamento é muito relevante, e por isso temos sempre de identificar alguns temas que são atualizados constantemente no pensamento cristão.

Outro fato que destacamos é que, apesar da ligação que o Novo Testamento tem com o Antigo Testamento, aquele apresenta contornos particulares sobre muitos conceitos que foram por este inicialmente estabelecidos. Por isso, lembramos que seus estudos não devem terminar por aqui, uma vez que a reflexão sobre os temas que discutimos e o aprofundamento no conhecimento sobre eles é muito importante para o seu desenvolvimento, a fim de que possa aplicar os conteúdos vistos aqui.

Para esse aprofundamento, sugerimos que você busque por mais informações acerca dos textos teológicos que apresentamos e procure por tantos outros que não nos foi possível mencionar devido à grande proficuidade desse assunto. Como nos ensina João (21: 25): "Há, porém, muitas outras coisas que Jesus fez e que, se fossem escritas uma por uma, creio que o mundo não poderia conter os livros que se escreveriam".

referências

AULÉN, G. **A fé cristã**. Tradução de Dírson Glênio Vergara dos Santos. São Paulo: Aste, 1965.

AUNEAU, J. et al. **Evangelhos Sinóticos e Atos dos Apóstolos**. São Paulo: Paulinas, 1985.

BAILLIE, D. M. **Deus estava em Cristo**: ensaio sobre a encarnação e a expiação. Tradução de Jaci Correia Maraschin. São Paulo: Aste, 1964.

BÍBLIA. Português. **Bíblia de estudo plenitude**. Tradução de Almeida revista e corrigida. Barueri: SBB, 2001.

BÍBLIA. Português. **Bíblia de Jerusalém**. São Paulo: Paulus, 2002.

BÍBLIA. Português. **Bíblia Online**. Tradução de Almeida corrigida e revisada, fiel ao texto original (ACF). São Paulo: Sociedade Bíblica Trinitariana do Brasil, 1994. Disponível em: <https://www.bibliaonline.com.br>. Acesso em: 15 maio 2017.

BÍBLIA. Português. **Bíblia Sagrada**. Tradução de Almeida revista e atualizada. Barueri: SBB, 1993.

BÍBLIA. Português. **Bíblia Sagrada**: nova versão internacional. Tradução da Sociedade Bíblica Internacional. São Paulo: Vida, 2000.

BÍBLIA. **Novo Testamento interlinear**: grego-português. Tradução de Almeida revista e atualizada. Barueri: SBB, 2004.

BOOR, W. de. **Evangelho de João**: comentário esperança. Tradução de Werner Fuchs. Curitiba: Esperança, 2002. (Série Comentário Esperança, v. 1).

BROWN, R. E. **A comunidade do discípulo amado**. São Paulo: Paulinas, 1984.

BRUCE, F. F. **João**: introdução e comentário. Tradução de Hans Udo Fuchs. São Paulo: Vida Nova, 1987. (Série Cultura Bíblica).

BRUCE, F. F. **Romanos**: introdução e comentário. Tradução de Odayr Olivetti. São Paulo: Vida Nova, 1979. (Série Cultura Bíblica).

BULTMANN, R. K. **Teologia do Novo Testamento**. Tradução de Ilson Kayser. Santo André: Academia Cristã, 2008.

CARSON, D. A. **Teologia bíblica ou teologia sistemática?** Unidade e diversidade no Novo Testamento. São Paulo: Vida Nova, 2001. (Série Teologia de Bolso – Teologia Sistemática).

CARSON, D. A.; MOO, D. J.; MORRIS, L. **Introdução ao Novo Testamento**. Tradução de Márcio L. Redondo. São Paulo: Vida Nova, 1997.

CERFAUX, L. **Cristo na teologia de Paulo**. Tradução das Monjas Beneditinas da Abadia de Santa Maria. São Paulo: Teológica, 2003.

CERFAUX, L. **O cristão na teologia de São Paulo**. Tradução do Padre José Raimundo Vidigal. São Paulo: Paulinas, 1976. (Coleção Estudos Bíblicos, v. 6).

CHAMPLIN, R. N. **Enciclopédia de Bíblia, teologia e filosofia**. 7. ed. São Paulo: Hagnos, 2004. v. 6.

CHAMPLIN, R. N. **Enciclopédia de Bíblia, teologia e filosofia**. 11. ed. São Paulo: Hagnos, 2013a. v. 1.

CHAMPLIN, R. N. **Enciclopédia de Bíblia, teologia e filosofia**. 11. ed. São Paulo: Hagnos, 2013b. v. 2.

CHAMPLIN, R. N. **Enciclopédia de Bíblia, teologia e filosofia**. 11. ed. São Paulo: Hagnos, 2013c. v. 3.

CHAMPLIN, R. N. **O Novo Testamento interpretado**: versículo por versículo. São Paulo: Hagnos, 2002. v. 2: Lucas, João.

CHOURAQUI, A. **A Bíblia**: no princípio (Gênesis). Rio de Janeiro: Imago, 1995.

COENEN, L.; BROWN, C. (Org). **Dicionário internacional de teologia do Novo Testamento**. 2. ed. Tradução de Gordon Chown. São Paulo: Vida Nova, 2000. v. 1.

DÍEZ MACHO, A. **Apocrifos del Antiguo Testamento**. Madrid: Ediciones Cristiandad, 1983. Tomo II.

FALCÃO SOBRINHO, J. **A túnica inconsútil**: doutrina da Igreja. Rio de Janeiro: Juerp, 1998.

GOPPELT, L. **Teologia do Novo Testamento**. 3. ed. Tradução de Martin Dreher e Ilson Kayser. São Paulo: Teológica, 2002.

GRUDEM, W. **Teologia sistemática**: atual e exaustiva. São Paulo: Vida Nova, 1999.

HALE, B. D. **Introdução ao estudo do Novo Testamento**. São Paulo: Hagnos, 2001.

HOUAISS, A.; VILLAR, M. de S.; FRANCO, F. M. de M. **Dicionário Houaiss da língua portuguesa**. versão 3.0. Rio de Janeiro: Instituto Antônio Houaiss; Objetiva, 2009. 1 CD-ROM.

JEREMIAS, J. **Teologia do Novo Testamento**. São Paulo: Teológica; Paulus, 2004.

JEREMIAS, J. **Teologia do Novo Testamento**. São Paulo: Hagnos, 2008.

KÄSEMANN, E. **Perspectivas paulinas**. 2. ed. Tradução de Benôni Lemos. São Paulo: Teológica, 2003.

KÜMMEL, W. G. **Síntese teológica do Novo Testamento de acordo com as testemunhas principais**: Jesus, Paulo, João. 4. ed. Tradução de Sílvio Schneider e Werner Fuchs. São Paulo: Teológica, 2003.

LADD, G. E. **O evangelho do reino**: estudos bíblicos sobre o Reino de Deus. Tradução de Hope Gordon Silva. São Paulo: Shedd, 2008.

LADD, G. E. **Teologia do Novo Testamento**. Tradução de Darci Dusilek e Jussara Marindir Pinto Simões Árias. São Paulo: Hagnos, 2001.

LADD, G. E. **Teologia do Novo Testamento**. Tradução de Degmar Ribas Júnior. São Paulo: Hagnos, 2003.

MARSHALL, I. H. **Teologia do Novo Testamento**: diversos testemunhos, um só evangelho. Tradução de Marisa K. A. de Siqueira Lopes e Sueli da Silva Saraiva. São Paulo: Vida Nova, 2007.

MORRIS, L. **Teologia do Novo Testamento**. Tradução de Hans Udo Fuchs. São Paulo: Vida Nova, 2003.

RICHARDSON, A. **Introdução à teologia do Novo Testamento**. Tradução de Jaci Correia Maraschin. São Paulo: Aste, 1966.

RIDDERBOS, H. **A teologia do apóstolo Paulo**: a obra definitiva sobre o pensamento do apóstolo aos gentios. Tradução de Suzana Klassen. São Paulo: Cultura Cristã, 2004.

ROSA, M. **Antropologia filosófica**: uma perspectiva cristã. Rio de Janeiro: Juerp, 2004.

SCHREINER, J.; DAUTZENBERG, G. **Forma e exigências do Novo Testamento**. 2. ed. São Paulo: Paulus; Teológica, 2004.

TAYLOR, W. C. **Dicionário do Novo Testamento grego**. 9. ed. Rio de Janeiro: Juerp, 1991.

TURNER, M. M. B. Espírito Santo. In: REID, D. G. (Ed.). **Dicionário teológico do Novo Testamento**: compêndio dos mais avançados estudos bíblicos da atualidade. Tradução de Márcio L. Redondo e Fabiano Medeiros. São Paulo: Vida Nova, 2012. p. 475-487.

WITHERINGTON III, B. Senhor. In: REID, D. G. (Ed.). **Dicionário de teologia do Novo Testamento**: compêndio dos mais avançados estudos bíblicos da atualidade. Tradução de Márcio L. Redondo e Fabiano Medeiros. São Paulo: Vida Nova, 2012. p. 1188-1197.

respostas[1]

Capítulo 1

Questões para revisão

1. Ladd (2003) afirma que Jesus evocou no título *Filho do Homem* a imagem de Daniel (7: 27) associada à ideia do servo sofredor.
2. Significa que Jesus foi elevado e reconhecido à posição de soberania. O título *Senhor* indica divindade pelo fato de ser a tradução do termo grego *kyrios*, que foi usado para traduzir, na Septuaginta, o nome de Deus em hebraico.
3. d
4. b
5. d

---

1 Todos os autores citados aqui constam na seção "Referências".

Capítulo 2

Questões para revisão

1. A morte de Cristo evoca a figura do sacrifício pelos pecados do Antigo Testamento. Seu sangue derramado se refere à morte sacrificial pelo resgate dos pecados.
2. No ato da justificação, Deus atribui ao pecador arrependido o *status* de justo, perdoado, sem culpa, mediante os méritos da morte substitutiva de Cristo.
3. a
4. b
5. d

Capítulo 3

Questões para revisão

1. No idioma grego, há duas palavras para indicar "outro": *etero* e *állos*. A primeira tem o sentido de "diferente", e a segunda, de "semelhante" (da mesma espécie). Portanto, é possível deduzir que, quando Jesus apresenta o Espírito Santo como o "outro Paráclito", ele está indicando que esse espírito tem a mesma natureza divina do Pai e do Filho.
2. O significado é que esse evento provocou uma profunda transformação na vida dos discípulos, que saíram do esconderijo para a proclamação pública, ou seja, do medo para a ousadia. Os discípulos receberam, no dia do Pentecostes, a capacitação necessária para cumprir a missão dada a eles por Jesus.
3. d
4. d
5. d

Capítulo 4

1. Trata-se do dia do confronto entre Deus e a história.
2. O anúncio do Reino de Deus, a salvação futura de Deus e o julgamento divino.
3. c
4. b
5. a

Capítulo 5

1. Paulo escreve que, "Se alguém está em Cristo, é nova criatura. Passaram-se as coisas antigas; eis que se fez uma realidade nova" (II Coríntios, 5: 17). A expressão *em Cristo* é um meio empregado por Paulo para indicar que os que creem em Cristo e nele são batizados pertencem à nova humanidade criada no fim dos tempos, porque essa nova humanidade constitui "a personalidade coletiva de Cristo, a 'natureza humana', que na ascensão foi conduzida ao trono de seu Pai no céu" (Richardson, 1966, p. 249).
2. A Igreja primitiva recebia em sua comunhão todos os que se arrependessem dos seus pecados, aceitassem a proclamação de Jesus Cristo como o Messias esperado e recebessem o batismo nas águas.
3. d
4. c
5. d

Capítulo 6

Questões para revisão

1. Esse conceito recebe bastante influência do Antigo Testamento, sem o qual seria muito difícil entendê-lo.

2. A principal motivação para a vida cristã é a habitação do Espírito Santo em cada cristão. Com o Espírito de Deus em ação, o ser humano é capaz de nortear-se eticamente de acordo com a vontade de Deus, sendo capaz tanto de desejá-la quanto de realizá-la, conforme argumenta Marshall (citado por Ladd, 2001).
3. c
4. b
5. c

sobre o autor

Gelci André Colli é bacharel em Teologia (2002) pelas Faculdades Batista do Paraná (Fabapar); licenciado em Filosofia (2015) pela Faculdade Claretiano; mestre em Ciências da Religião (2006) pela Universidade Metodista de São Paulo (Umesp); e doutor em Teologia (2012) pelas Faculdades EST. Atua como professor desde 2004 e, atualmente, ministra aulas no Seminário Teológico Ebenézer (Sete), em Almirante Tamandaré (PR), e nos cursos de graduação e pós-graduação em Teologia da Faculdade Cristã de Curitiba e do Centro Vocacional Quadrangular (CVQ), em Curitiba.

Impressão:
Junho/2024